Initiation à la numérologie chaldéenne

Dévoile le pouvoir secret des nombres

avec tableaux et calculs
pour votre guidance intérieure

TEMPLUM DIANAE
- MEDIA -

Ouvrage édité par : "Templum Dianae Media".
Illustrations et couverture par : "Templum Dianae Media"
Mise en page et formatage par : "
Page de garde et introduction éditées par : "Templum Dianae Media"

.

---

www.templumdianae.com

contenu inclus

Félicitations pour l'obtention de ce livre !
Si vous voulez attirer et manifester plus d'Amour et d'Abondance et en découvrir plus sur la spiritualité, rejoignez la communauté Templum Dianae et recevez 1 MP3 de méditation guidée pour éveiller votre moi intérieur.

Cette méditation guidée est conçue pour manifester vos désirs dans la vie de tous les jours !

Suivez ce lien
templumdianae.com/fr/bookmp3/

SI VOUS NE CONNAISSEZ PAS TEMPLUM DIANAE

Vous sentez-vous perdu, déconnecté de votre essence profonde ?

Vous avez tout essayé : méditation, yoga, lectures spirituelles. Pourtant, ce vide intérieur persiste. Les relations ne décollent pas, l'argent semble vous échapper et la sérénité n'est qu'un lointain mirage.

Il est temps d'arrêter de contourner le problème et de le prendre à bras-le-corps.

Bienvenue sur *Templum Dianae*, le lieu où les femmes s'éveillent à leur pouvoir authentique. Né en Italie en 2013, notre blog est écrit **par des sorcières pour des sorcières**. Nous ne nous cachons pas derrière des mots doux ou de vaines promesses. Nous sommes là pour vous secouer, vous provoquer, vous pousser au-delà de vos limites.

Pourquoi se contenter d'une vie médiocre quand on peut avoir tout ce qu'on veut ?

Chaque mois, plus de **247 000 personnes entrent** en contact avec nos documents par le biais de tous nos canaux. *Templum Dianae Media* est le cœur battant de ce mouvement, un projet d'édition qui publie des centaines de livres chaque année dans plus de **6 langues**. Des nouveaux textes révolutionnaires aux rééditions d'anciens grimoires, nous offrons des outils puissants pour transformer votre réalité.

Il ne s'agit pas seulement de théorie. C'est de la pratique, de l'action, de la transformation.

Voici ce que disent certaines femmes qui ont changé de vie grâce à nous :

"Grâce au Templum Dianae, j'ai attiré l'amour authentique dans ma vie. Les relations toxiques font partie du passé. - **Sara M.**

"Les techniques de manifestation économique fonctionnent vraiment. J'ai vu mon compte en banque augmenter comme jamais auparavant. - **Luisa D.**

"Je me suis retrouvée. La connexion avec mon pouvoir intérieur est devenue indestructible." - **Elena F.**

Êtes-vous prêt à cesser de survivre et à commencer à vivre réellement ?

Ce livre n'est pas pour les timorés. Il s'adresse à ceux qui sont prêts à se regarder dans le miroir sans filtre, à embrasser leur ombre et à la transformer en lumière.

Ne perdez plus de temps. Chaque page que vous lirez sera un pas vers la femme puissante que vous êtes destinée à être.

Le voyage commence maintenant. Êtes-vous avec nous ?

INDEX

Contenu

INITIATION À LA NUMÉROLOGIE

Bienvenue, Sourcier.

Avez-vous déjà ressenti ce subtil frémissement dans vos pensées ? C'est l'appel de l'inconnu, du mystère qui plane au-dessus de chaque figure, de chaque symbole que votre âme a toujours voulu déchiffrer.

Comment se déroule votre parcours ?

Peut-être le sentez-vous semé d'embûches, ou peut-être un peu perdu, à la recherche d'une direction. C'est normal, surtout lorsqu'on aborde des connaissances anciennes comme la numérologie chaldéenne, qui pendant des siècles a caché ses secrets à ceux qui n'étaient pas prêts.

Au cours des mois qui ont précédé ce moment, j'ai écrit d'innombrables mots, rempli des pages et des pages de sagesse oubliée, en essayant de faire ressortir la profondeur de cet art sacré. Pourtant, nombreux sont ceux qui ont avoué se sentir dépassés, perdus parmi les chiffres, incapables de saisir le véritable message qui se cache derrière les mathématiques de l'âme. Et là, l'échec est souvent attribué à l'élève, comme si c'était de sa faute s'il ne comprenait pas.

Mais écoutez-moi. Vous n'avez pas tort. Vous n'avez jamais eu tort.

Le problème, c'est que trop de gens, qui se font passer pour des guides spirituels, ne font rien d'autre que d'alimenter la confusion. Ils construisent tout un marché autour de votre besoin de réponses et vous vendent de fausses promesses. Ils se cachent derrière des mots comme "cercle", "forêt", prétendant vous accueillir, mais ce que vous obtenez souvent, ce sont des chaînes invisibles, prêtes à serrer votre âme et à déformer votre pureté à des fins qui ne vous appartiennent pas. Ce n'est pas mon chemin, et ce ne sera pas le vôtre.

Je suis là pour vous guider véritablement, avec humilité et respect de votre recherche. C'est pourquoi j'ai choisi de passer en revue chaque concept, de distiller le savoir ancien de la numérologie chaldéenne et de vous l'offrir de manière claire et accessible, sans jamais en diminuer la profondeur. Parce que vous méritez de comprendre. Vous méritez de voir le dessein caché dans les plis de votre destin.

Ce n'est qu'un début, un premier pas dans un voyage qui vous amènera à réécrire les paradigmes qui vous ont accompagné jusqu'à présent. Vous apprendrez à reconnaître les signes, les chiffres qui parlent à votre âme, et découvrirez comment appliquer cette sagesse à votre vie, à votre cœur, à votre chemin.

Êtes-vous prêt à découvrir ce que les chiffres disent de vous ?

Numérologie chaldéenne

Bien que l'on parle aujourd'hui de la numérologie sous de nombreuses formes, il existe un système qui, dans le silence des siècles, s'est distingué par sa précision presque étrange : la **numérologie chaldéenne**. Un système ancien et mystérieux qui m'a prouvé sa puissance et sa vérité chaque fois que j'ai osé l'écouter.

Les Chaldéens, sages observateurs de l'énergie, ont été les premiers à comprendre un principe profond : **tout est vibration**. Chaque son, chaque chiffre, chaque lettre est porteur d'une énergie qui vous traverse et traverse le monde, influençant votre chemin, vos choix, vos sentiments les plus profonds. Ils ont relié les sons aux vibrations, les vibrations aux nombres et les nombres aux lettres, créant ainsi un langage secret que vous allez maintenant apprendre à déchiffrer.

Contrairement à d'autres systèmes, la numérologie chaldéenne ne se contente pas d'examiner superficiellement votre nom ou votre date de naissance. **Elle creuse plus profondément**. Chaque lettre de votre nom cache une vibration, une signification qui parle de vous, de votre énergie unique. Et cela ne s'arrête pas là. Votre chemin de vie, ce que vous êtes venu faire, être ou apprendre, est révélé par les vibrations des nombres qui vous accompagnent depuis votre toute première respiration.

Ce système, bien qu'oublié depuis longtemps, n'est pas aussi difficile qu'on le dit. Oui, sa complexité ancienne peut sembler intimidante, mais une fois que vous aurez percé ses secrets, il deviendra un allié précieux, un phare dans l'obscurité de vos doutes et de vos incertitudes.

Il vous donnera une carte non seulement de vous-même, mais aussi des personnes que vous croiserez sur votre chemin.

Imaginez que vous ayez un projet personnel qui vous guide dans chacune de vos décisions. Une façon de comprendre pourquoi certaines relations entrent dans votre vie et d'autres la quittent, pourquoi certains chemins vous semblent infranchissables alors que d'autres vous attirent comme des aimants.

La numérologie chaldéenne ne vous offre pas seulement cette compréhension, mais vous permet de voir au-delà du visible, de percevoir les énergies qui vous entourent et de les utiliser pour éclairer votre chemin émotionnel et spirituel.

Les anciens Chaldéens

Il y a plus de deux mille ans, dans un lieu embrassé par le Tigre et l'Euphrate, s'étendait une terre enveloppée de mystère : l'ancienne Chaldée. Ce peuple, dont les véritables origines sont encore mal connues aujourd'hui, occupait la partie sud de Babylone, berceau de la sagesse et du pouvoir. Les Chaldéens montèrent sur le trône de Babylone et, pendant plus de soixante-quinze ans, sous des rois tels que Nabuchodonosor, ils façonnèrent le destin de l'une des civilisations les plus fascinantes de l'histoire.

Mais ils n'étaient pas seulement des conquérants. Ils étaient des visionnaires.

À un monde déjà riche en agriculture et en industrie, **les Chaldéens ont apporté quelque chose de plus** : une connaissance profonde, une compréhension de l'univers qui transcende le visible. En introduisant l'astrologie, les mathématiques sacrées et des rituels spirituels avancés, ils ont jeté les bases d'une société qui vénérait les étoiles et les mystères cachés dans leur éclat. Le culte de la lune, la magie, la divination... sont autant d'outils utilisés pour déchiffrer les énergies subtiles qui imprègnent la réalité.

Ce n'est pas un hasard si Babylone est souvent considérée comme le "berceau de la civilisation". Pourtant, ce qui rend ce peuple encore plus fascinant, c'est qu'il **n'**en reste **que peu de traces écrites**. L'essentiel de ce que nous savons des Chaldéens ne provient pas d'eux, mais des civilisations qui leur ont succédé.

Et c'est précisément cette aura de mystère qui rend leur héritage spirituel encore plus fascinant.

De toutes leurs connaissances, il en est une qui a traversé les millénaires sans faillir : la **numérologie chaldéenne**.

Un système ancien qui mesure les énergies avec une telle précision qu'il semble presque magique. Cette méthode ne se contente pas de tracer des lignes et des chiffres ; c'est un code secret qui vous invite à regarder au-delà du visible, à découvrir les vibrations qui régissent votre vie. Chaque chiffre, chaque lettre porte une signification profonde, une résonance qui vous parle dans le langage silencieux de l'univers.

Essayez de l'écouter.

Découvrez la puissance de ce système par vous-même et laissez-vous surprendre.

Ses racines plongent dans la sagesse la plus ancienne, mais ses fruits peuvent éclairer votre vie aujourd'hui, en vous aidant à comprendre qui vous êtes vraiment, ce que vous désirez et comment vous pouvez améliorer votre situation émotionnelle et spirituelle.

L'histoire de la numérologie

Lorsqu'on aborde la numérologie, il est facile de se perdre dans les détails historiques, en essayant de comprendre quelles civilisations ont contribué au développement de ce domaine mystérieux. Mais, si vous me le permettez, laissez-moi vous guider vers une vision plus profonde qui va au-delà du temps et de l'espace.

La numérologie n'est pas seulement un système créé par l'homme. Non, c'est quelque chose de plus. **C'est un code universel**, une structure invisible qui régit tout ce qui existe, du mouvement des étoiles aux émotions les plus intimes que vous ressentez dans votre cœur. Les mathématiques, dans leur forme la plus pure, ne sont pas une invention, mais une découverte. C'est comme si les nombres avaient toujours existé, cachés dans l'ombre, prêts à révéler leurs secrets à qui sait les écouter.

Les anciens l'avaient compris. Pas seulement les Égyptiens ou les peuples de Mésopotamie, dont nous avons aujourd'hui des traces plus ou moins évidentes. Des civilisations encore plus lointaines, dont nous connaissons à peine quelques bribes, ont pressenti que les nombres étaient une clé pour comprendre **les énergies qui régissent le monde et l'âme humaine**.

Avez-vous déjà pensé qu'il existe des connaissances qui se sont perdues dans le temps ?

Des technologies spirituelles, des systèmes de sagesse avancés qui permettaient aux anciens de communiquer avec les forces cosmiques d'une manière que nous ne pouvons qu'imaginer aujourd'hui. Peut-être qu'à cette époque lointaine, les nombres n'étaient pas seulement des outils pour compter, mais de véritables **canaux de connexion avec l'univers**, capables de révéler les vérités les plus cachées.

La numérologie chaldéenne est l'un de ces systèmes, l'un des rares à avoir réussi à survivre au passage des millénaires. Mais même cette ancienne connaissance n'est pas seulement l'héritage d'une seule culture. **Il s'agit d'une fenêtre sur quelque chose de bien plus grand.** Un fragment d'une vérité universelle qui résonne à travers les âges, porteuse d'un message de puissance et de transformation.

Lorsque vous regardez les chiffres qui vous entourent, ne pensez pas seulement à une civilisation ou à une culture. **Pensez à l'univers tout entier.** Aux forces invisibles qui tissent vos désirs, vos émotions et votre destin. Chaque chiffre, chaque vibration a un rôle, une signification, et chaque fois que vous les écoutez, vous découvrez une nouvelle pièce du puzzle de votre vie.

Ouvrez votre cœur et votre esprit à cette possibilité : que les chiffres ne soient pas de simples symboles, mais qu'ils **vous amènent à la connaissance de vous-même et de votre chemin.**

Ne vous limitez pas à ce qui est écrit dans les textes anciens. Imaginez qu'il y a beaucoup plus à découvrir, un savoir oublié qui n'attend que vous pour être déterré.

Les Anciens et la découverte de la numérologie

Votre voyage dans la numérologie commence dans un lieu profond et ancien, où la nature elle-même chuchote des secrets qui ne demandent qu'à être découverts. L'histoire de cette connaissance n'est pas simplement une collection de chiffres, mais une **révélation des forces spirituelles** qui imprègnent chaque recoin du monde. Les anciens, qui entretenaient un lien intime et respectueux avec la terre, ont été les premiers à comprendre que ce qui est visible contient quelque chose de bien plus grand.

En observant quotidiennement le monde naturel, ils ont commencé à remarquer que certains éléments - tels que les cristaux, les herbes, voire les rochers - n'étaient pas de simples objets physiques, mais étaient porteurs d'**énergies subtiles et de pouvoirs spirituels**. Tout dans la nature possédait un sens caché, un ordre secret que les anciens reconnaissaient et honoraient. **C'est cette intuition qui les a**

guidés vers une compréhension plus profonde des lois qui régissent l'univers, visible et invisible.

Chaque cristal qu'ils touchaient, chaque herbe qu'ils cueillaient, n'était pas seulement une ressource matérielle, mais un **miroir des forces spirituelles** qui imprègnent la réalité. Les vibrations de ces éléments naturels étaient liées à des propriétés spirituelles particulières, créant ainsi une carte invisible de l'énergie qui circule dans le monde. Cette prise de conscience subtile mais puissante a été le premier pas vers la création d'un système de connaissance qui englobe à la fois le visible et l'invisible.

Mais le véritable bond en avant s'est produit lorsque les anciens ont levé les yeux vers le ciel.

Les étoiles, la lune, le soleil ne sont pas de simples corps célestes. **Ce sont des manifestations de forces divines**, porteuses de messages et d'influences qui façonnent tous les aspects de la vie sur Terre. Les anciens savaient que comprendre les cycles des cieux signifiait aussi comprendre leur propre destin. Chaque mouvement des étoiles reflétait un ordre cosmique, une danse sacrée qui influençait les marées, les récoltes et même les battements du cœur humain.

De ces observations est née la nécessité de créer un système qui puisse codifier ce lien entre le ciel et la terre. C'est ainsi que sont nées les lois de la numérologie. **Les nombres** n'étaient pas seulement des symboles ou des instruments de comptage, mais l'expression de principes divins. Grâce à eux, il était possible de cartographier et d'interpréter les forces cosmiques et spirituelles qui régissent la réalité. **Chaque nombre est un pont** entre le terrestre et le céleste, entre le matériel et le spirituel.

Dans ce contexte, le mythe grec d'Uranus prend une nouvelle signification. Uranus, le dieu du ciel, n'était pas seulement le seigneur des phénomènes célestes, mais aussi le père de toutes les sciences occultes, y compris l'astrologie et la numérologie. Son affrontement avec Cronos, le dieu du temps, représente non seulement un conflit, mais aussi la **création de nouvelles**

connaissances et de forces cosmiques qui influencent le monde des hommes. Uranus, avec sa sagesse céleste, symbolise l'origine de la sagesse astrologique et numérologique, ce qui rend son étude essentielle pour ceux qui, comme vous, veulent comprendre les lois cachées qui régissent leur destin.

La numérologie n'est donc pas une simple étude des nombres, mais un voyage profond dans **les forces qui animent le monde et l'âme**. Un voyage qui vous conduira à découvrir votre rôle dans cet univers vaste et mystérieux, et à comprendre comment les énergies invisibles influencent votre vie, vos relations et votre chemin.

La chute de l'Atlantide et la dispersion des sciences anciennes

La légende de l'Atlantide n'est pas seulement l'histoire d'une catastrophe physique. C'est l'histoire d'une perte profonde, d'une blessure ouverte au cœur de la connaissance humaine. Selon le mythe, l'Atlantide n'était pas seulement une civilisation extraordinaire pour ses technologies, mais aussi **un phare de sagesse spirituelle**, un lieu où la compréhension des lois cosmiques et divines dépassait de loin celle des autres civilisations. Leur chute n'a pas seulement marqué la destruction d'une île, mais la dispersion de connaissances accumulées pendant des millénaires, des connaissances qui touchaient les cordes les plus profondes de la réalité.

Lorsque l'Atlantide a sombré dans les abysses, ses connaissances n'ont pas été entièrement perdues. Les anciens Atlantes, poussés par la nécessité de survivre, ont fui vers des terres lointaines, emportant avec eux des fragments de ce qu'ils avaient découvert. **Des pratiques avancées de numérologie, d'astrologie et de connaissances ésotériques** ont voyagé avec eux, traversant les continents et les cultures, laissant des traces subtiles mais significatives dans le cœur des civilisations survivantes.

Mais le temps, comme une marée lente, érode tout ce qu'il touche. C'est ainsi que ces sciences sacrées, pieusement gardées, ont commencé à se fragmenter.

Nombre de ces pratiques ont été réduites à des superstitions, ont perdu leur sens originel, tandis que les symboles et les nombres sacrés ont été mal compris ou banalisés. Ce qui était autrefois un lien profond avec l'univers est devenu une série de rituels vides, un souvenir déformé d'une science ancienne aujourd'hui oubliée.

Malgré cela, les fragments de l'Atlantide n'ont pas complètement disparu. Aujourd'hui, on assiste à un réveil. **Des chercheurs, des ésotéristes et des spiritualistes** tentent de reconstruire ce qui a été perdu, en se plongeant dans les mythes, les textes anciens et les symboles qui résonnent encore dans notre subconscient collectif. Il existe un désir croissant de renouer avec cette sagesse ancienne, de mettre en lumière ces vérités oubliées qui, d'une manière ou d'une autre, peuvent encore éclairer le présent.

L'Atlantide ne représente pas seulement un passé tragique, mais **une possibilité saisie**, une société qui vivait en harmonie avec les lois cosmiques et spirituelles, qui comprenait l'imbrication subtile de l'âme et de l'univers.

La redécouverte de leur science perdue, l'intégration de ces connaissances dans notre monde, pourraient nous permettre **de renouer avec un équilibre perdu**, une vision du monde dans laquelle le matériel et le spirituel marchent ensemble, alignés sur les forces naturelles qui nous gouvernent.

Les chiffres, clés du temps

Les anciens ne voyaient pas le temps comme une simple succession d'heures ou de jours. Pour eux, le temps était quelque chose de plus vaste, un tissu entrelacé avec l'espace, l'énergie et la spiritualité. **Grâce à la numérologie**, ils pensaient avoir découvert une clé pour interagir avec ces dimensions, utilisant les nombres non seulement pour comprendre la réalité, mais aussi pour la façonner. Grâce à des schémas complexes et des calculs précis, ils cherchaient à influencer les événements, à diriger les énergies cosmiques et même à modifier la perception du temps lui-même.

Cette connaissance, aussi mystérieuse et ancienne soit-elle, n'a pas été complètement perdue. Selon de nombreuses traditions ésotériques, les anciens maîtres de la numérologie, y compris ceux de la légendaire Atlantide, continuent de communiquer à travers les siècles, envoyant des messages sous la forme de **séquences numériques récurrentes**. Il s'agit de signaux, d'indications d'un savoir qui ne s'est jamais totalement éteint. De nombreux adeptes du mysticisme contemporain affirment percevoir ces séquences comme de véritables codes qui guident leur chemin spirituel, leur suggérant des directions, des réponses et des solutions.

L'héritage des Atlantes, ainsi que d'autres civilisations disparues, n'a jamais été totalement oublié. Au contraire, nous redécouvrons et intégrons aujourd'hui des connaissances qui semblaient autrefois inaccessibles. Au fur et à mesure que notre compréhension des sciences ésotériques évolue, nous nous rapprochons du moment où la numérologie était une science sacrée, capable de guider notre développement personnel et spirituel.

Cette **redécouverte n'est pas seulement une recherche archéologique de connaissances perdues**, c'est un saut évolutif dans notre conscience. Grâce aux clés numérologiques, nous apprenons à nous reconnecter aux forces qui nous entourent, à manipuler ces liens subtils entre le temps et l'espace, et à influencer les énergies qui animent notre quotidien. Les nombres deviennent non seulement des outils pour comprendre notre réalité, mais aussi **des portes d'entrée vers une nouvelle compréhension de l'univers**.

Les anciens ne nous ont pas laissé que des symboles énigmatiques ou des traces d'un passé glorieux. Ils nous ont transmis un système sophistiqué de connaissances numérologiques, un langage avec lequel nous pouvons converser avec l'univers. **Chaque nombre que nous décodons**, chaque séquence que nous comprenons, nous rapproche de cette connaissance oubliée, ouvrant des voies qui nous conduisent à explorer de nouveaux niveaux de croissance personnelle et collective.

La numérologie, telle qu'elle était comprise par les anciens, n'est pas seulement une pratique de calcul. **C'est une clé de compréhension des dynamiques universelles**, un pont entre le visible et l'invisible, entre le terrestre et le divin.

LES ORIGINES DES CHIFFRES CHALDÉENS

Dans le chapitre précédent, vous avez eu un premier aperçu de l'histoire des Chaldéens et des racines de la numérologie. Il est maintenant temps de plonger plus profondément dans les origines de la **numérologie chaldéenne**, en explorant les associations qui lui donnent vie et sens. Il est essentiel de comprendre ces liens avant de commencer à faire des calculs, car sans une compréhension claire des énergies sous-jacentes, la numérologie chaldéenne peut sembler complexe, et beaucoup finissent par se perdre dans ses secrets complexes.

Les Chaldéens savaient que chaque chiffre et chaque lettre étaient plus que de simples symboles. Ils étaient des manifestations d'énergies subtiles, des fils invisibles reliant tous les aspects de l'existence. Les nombres n'étaient pas de simples outils de comptage ; ils étaient le langage même de l'univers, chargé de vibrations spirituelles. C'est pourquoi comprendre le sens profond de ces associations est la première étape pour décoder leur pouvoir.

La numérologie **chaldéenne** ne suit pas les règles de la numérologie moderne, qui associe simplement un chiffre à une lettre selon l'alphabet. Ce système ancien est différent, plus nuancé et plus mystérieux. Chaque lettre et chaque chiffre porte une résonance, une vibration unique qui interagit avec les autres de manière complexe, souvent invisible à l'œil non averti. **Comprendre ces connexions vous permet de vous aligner sur les forces cosmiques**, de voir le modèle caché qui gouverne vos choix, vos rencontres et vos relations.

Mais sans cette compréhension, le système chaldéen peut sembler impénétrable. **Beaucoup de personnes échouent dans la numérologie chaldéenne précisément parce qu'elles essaient de l'utiliser comme s'il s'agissait d'un simple calcul mathématique**. Ils essaient de la réduire à des nombres sans saisir les vibrations profondes, les énergies que ces nombres véhiculent. Ils sont confrontés à un mur de symboles qu'ils n'arrivent pas à déchiffrer, se perdant dans les chiffres et les formules sans saisir l'essence spirituelle qui les anime.

La numérologie chaldéenne est un art qui demande du temps, de la patience et une écoute profonde. Chaque chiffre, chaque lettre porte un fragment de votre destin, mais pour y voir clair, vous devez d'abord vous préparer à comprendre ces liens cachés. Ce n'est qu'alors que les calculs numérologiques commenceront à vous parler, révélant les vérités qui ont toujours été là, attendant d'être découvertes.

Cette prise de conscience est le véritable début de votre voyage dans la numérologie chaldéenne.

Le nombre de tablettes chaldéennes

Les tablettes chaldéennes, une incroyable collection d'objets anciens en argile, sont une précieuse fenêtre sur la vie et les croyances d'une civilisation qui a laissé une marque indélébile sur le cours de l'histoire. Plus que de simples objets archéologiques, elles nous parlent d'un peuple, les Chaldéens, qui, sur la terre fertile de Mésopotamie, a mêlé son destin à celui des étoiles et des énergies cosmiques.

Leur découverte remonte au XIXe siècle, lorsque les archéologues ont commencé à fouiller les ruines de cités antiques telles que Babylone et Ur. Ces tablettes, restées enfouies pendant des millénaires, **portent l'empreinte d'un savoir ancien**, un savoir que les Chaldéens avaient soigneusement codifié. Faites d'argile fraîche et gravées d'une écriture cunéiforme alors que la matière était encore molle, elles étaient ensuite cuites au soleil ou dans des fours pour les rendre immortelles dans le temps.

C'est comme si ces symboles voulaient parler au-delà des frontières des siècles, en conservant intacts les secrets d'une civilisation qui communiquait non seulement avec ses mots, mais avec l'univers tout entier.

L'écriture cunéiforme, tracée au stylet sur ces tablettes, était un langage complexe de signes cunéiformes qui révélait bien plus que ce qui apparaissait à première vue. Les textes gravés couvrent un large éventail de sujets, depuis les décrets juridiques et les registres commerciaux jusqu'à la correspondance personnelle, mais ce sont les connaissances mathématiques et astronomiques qui ressortent de ces tablettes qui révèlent l'aspect le plus fascinant de la culture chaldéenne.

Les Chaldéens **étaient des maîtres de l'astronomie et des mathématiques**, et ces tablettes témoignent de leurs observations du ciel et des calculs qui les guidaient. Ils ne se contentaient pas d'observer les étoiles, mais les vénéraient comme des clés permettant de déchiffrer les lois cosmiques.

C'est de ces observations que sont nées les premières formes d'astrologie et la compréhension des cycles lunaires, fondamentales non seulement pour leur calendrier, mais aussi pour leurs pratiques spirituelles.

Derrière chaque signe gravé dans l'argile se cache un lien profond entre le terrestre et le divin. **Ces tablettes** nous parlent d'une civilisation qui a su entremêler le temps et l'espace, d'un peuple qui regardait les étoiles non seulement pour mesurer le passage des saisons, mais aussi pour comprendre sa place dans l'univers.

Chiffres planétaires chaldéens

Les tablettes chaldéennes renferment un système numérologique ancien et complexe, intimement lié à l'astrologie, reflétant le lien profond que les Chaldéens percevaient entre les **corps célestes et les valeurs numériques**. Il ne s'agissait pas d'un simple jeu de chiffres, mais d'un système sacré qui révélait les secrets du destin et de la nature humaine à travers les mouvements planétaires. Chaque planète, chaque nombre, était un fragment d'un grand dessein cosmique, influençant non seulement les événements quotidiens, mais l'essence même de l'âme.

Les Chaldéens observaient attentivement le ciel, notant avec précision la trajectoire des planètes et les phases de la lune, et gravaient sur leurs tablettes d'argile un savoir qui transcendait le temps. Chaque planète était associée à un nombre, et ce lien n'était pas accidentel : il était le résultat de siècles d'observation spirituelle et astronomique. **Les planètes étaient considérées comme des entités divines** qui influençaient profondément le caractère humain et le cours des événements. Ces influences étaient mesurées par le langage des nombres, que les Chaldéens utilisaient pour déchiffrer les énergies cosmiques et leurs interactions avec la vie sur Terre.

Dans le système de la **numérologie chaldéenne**, chaque nombre a une vibration unique, et ces vibrations sont directement liées à des planètes particulières. Il ne s'agit pas de simples associations numériques, mais d'une profonde harmonisation entre l'univers et l'individu. Les nombres étaient des outils permettant de comprendre les forces invisibles qui régissaient le destin et le caractère de chaque personne. **Chaque nombre était en résonance avec une énergie planétaire** qui influençait la personnalité, les talents et les défis qu'une personne devait relever tout au long de sa vie.

Ces associations n'étaient pas simplement intellectuelles, mais enracinées dans une perception plus subtile et plus profonde des qualités spirituelles des nombres et des planètes. **Les Chaldéens voyaient dans les nombres une clé pour s'accorder avec l'ordre cosmique**, pour comprendre les rythmes de l'univers et la place que l'on y occupe.

Grâce à ce système numérologique-planétaire, les Chaldéens pensaient pouvoir non seulement comprendre leur propre destin, mais aussi l'influencer en s'alignant sur les forces cosmiques qui régissaient l'univers. **Les nombres devenaient des ponts entre les mondes physique et spirituel**, révélant les mystères de la vie, de la mort et des relations humaines. Leur capacité à associer les nombres aux énergies planétaires, et ce avec une précision qui étonne encore les chercheurs aujourd'hui, montre à quel point leurs connaissances étaient avancées.

La numérologie chaldéenne n'était pas seulement un outil pour prédire l'avenir, mais un moyen de comprendre le **flux d'énergie dans l'univers**. Ces connaissances, conservées dans des tablettes d'argile, continuent d'offrir de profondes perspectives sur le lien entre les planètes et les nombres, révélant comment les forces célestes influencent la vie humaine de manière subtile mais puissante.

Astrologie chaldéenne

L'astrologie chaldéenne est l'un des piliers les plus anciens et les plus influents de la sagesse astrologique, dont les racines remontent au pays mystique de Babylone. Les Chaldéens, habitants de la Mésopotamie, observaient le ciel comme un livre ouvert, lisant les mouvements des planètes et des étoiles non seulement pour déchiffrer les mystères du cosmos, mais aussi pour **comprendre le plan divin** qui régissait tous les aspects de la vie, du destin des empires à celui des individus.

Contrairement à l'astrologie moderne, qui se base principalement sur les saisons et utilise le zodiaque tropical, l'astrologie chaldéenne était **profondément liée aux étoiles**. Elle ressemblait beaucoup à l'astrologie sidérale, qui est encore utilisée aujourd'hui pour déterminer la position réelle des constellations. Les Chaldéens divisaient le ciel en segments, chacun lié à une divinité spécifique, les planètes servant d'intermédiaires à la volonté divine. Chaque planète avait un nom et un rôle sacré, influençant la vie terrestre avec une précision étonnante.

Chaque planète représentait un dieu et apportait avec elle des influences uniques. **Jupiter** était associé à **Mardouk**, le dieu de la justice et de la royauté, symbolisant la droiture et l'autorité. **Vénus**, liée à **Ishtar**, représentait non seulement l'amour et la fertilité, mais aussi la guerre et la passion ardente qui pouvait se transformer en conflit. **Saturne, lié à Ninurta**, était la planète de l'agriculture et de la guerre, déterminant les périodes de grande prospérité ou d'extrême difficulté. Les Chaldéens ne se contentaient pas de contempler le ciel, ils notaient minutieusement les événements célestes tels que les **éclipses**, les conjonctions planétaires et les levers héliaques (lorsqu'une planète ou une étoile apparaît pour la première fois à l'aube). Ces événements étaient considérés comme des **présages divins**, des signes annonciateurs de changements radicaux, de catastrophes naturelles ou de bouleversements politiques. Une simple éclipse de lune, par exemple, pouvait indiquer l'instabilité d'un royaume ou la santé chancelante d'un roi, et ces prédictions influençaient des décisions politiques et sociales cruciales.

Les prêtres chaldéens détenaient un pouvoir extraordinaire, interprétant les cieux comme un langage secret des dieux. Il n'était pas rare qu'un roi s'en remette aux astrologues pour prendre des décisions stratégiques, qu'il s'agisse de planifier une bataille ou de déterminer le moment idéal pour commencer les semailles. Cette **prêtrise astrologique** n'était pas seulement symbolique : elle exerçait une influence réelle sur le destin des empires, guidant les choix des dirigeants grâce à leurs lectures des étoiles. Il est également prouvé que les Chaldéens pratiquaient une forme primitive d'**astrologie natale**, calculant la position des planètes au moment de la naissance d'une personne afin de prédire son caractère et son destin. Cette pratique témoigne d'une compréhension avancée de la relation entre l'individu et le cosmos, reconnaissant que chacun d'entre nous fait partie d'un **ordre cosmique** plus vaste, influencé par les mêmes forces que celles qui animent les étoiles.

L'astrologie chaldéenne n'était pas seulement une science sacrée, mais un guide pratique qui régissait la vie quotidienne et les stratégies politiques. Leurs prédictions ne servaient pas seulement à scruter l'avenir, mais aussi à **harmoniser les actions humaines avec le rythme divin de l'univers**. Les souverains consultaient les étoiles pour planifier les guerres, promulguer des lois et même décider du moment de cultiver les champs, démontrant ainsi l'enracinement de ces croyances.

Même après la chute de Babylone, l'héritage de l'astrologie chaldéenne ne s'est pas éteint. Ses connaissances ont été absorbées et transformées par les traditions astrologiques grecques et indiennes, laissant une empreinte durable qui résonne encore aujourd'hui dans de nombreuses pratiques ésotériques. L'influence de cet ancien système continue de briller, guidant les générations à travers les siècles grâce à sa **sagesse cosmique**.

Les planètes selon les Chaldéens

Pour les Chaldéens, **chaque planète était plus qu'un simple corps céleste**. Chaque astre représentait une divinité, une entité sacrée dont le pouvoir et l'influence s'étendaient à l'ensemble de la vie humaine, de la destinée personnelle au destin d'empires entiers. **Les mouvements des planètes** n'étaient pas de simples phénomènes astronomiques, mais de véritables manifestations de la volonté divine, des signes qui révélaient les messages des dieux et la direction des énergies cosmiques.

Mardouk et Jupiter

Marduk, divinité suprême du panthéon chaldéen et patron de Babylone, était étroitement lié à **Jupiter**, la plus grande et la plus brillante des planètes visibles à l'œil nu. En tant que **roi des dieux**, Mardouk représentait l'ordre cosmique, la justice et la royauté. Son pouvoir était perçu comme essentiel au maintien de l'équilibre dans le monde, et son influence se reflétait dans les mouvements majestueux de Jupiter dans le ciel nocturne.

Les Chaldéens voyaient dans l'apparition de Jupiter un signe de stabilité et de protection. **L'apparition de Jupiter** indiquait l'intervention bienveillante de Mardouk, qui mettait de l'ordre dans le chaos cosmique et rassurait les rois sur leur règne. **Ses mouvements étaient observés avec attention**, car ils représentaient des présages pour le bien-être du souverain et de l'État, influençant non seulement la politique mais aussi la perception de l'avenir de la nation.

Jupiter était donc une manifestation tangible de l'autorité divine de Mardouk, un symbole de puissance et de protection qui résonnait dans les cieux, rappelant à tous que le destin des rois et des empires était écrit dans les étoiles.

Ishtar et Vénus

Ishtar, la puissante déesse de l'amour et de la guerre, a trouvé son reflet céleste en **Vénus**, la planète connue pour sa luminosité et sa beauté extraordinaires. Comme Ishtar, Vénus incarnait une double nature : d'un côté, elle représentait l'amour, la passion et la fertilité, de l'autre, la férocité et le pouvoir destructeur de la guerre. Ce contraste se reflétait dans le cycle de **Vénus, étoile du matin** et **étoile du soir**, une transition qui symbolisait les transformations de la vie humaine et de la nature.

Ishtar était invoquée pour influencer les sentiments les plus intimes comme les batailles les plus violentes, et Vénus, avec ses cycles célestes, marquait les tournants dans ces domaines. **Le passage** de **Vénus** de l'étoile du matin à l'étoile du soir était un événement d'une grande importance astrologique pour les Chaldéens. Lorsque Vénus se levait en tant qu'**étoile du matin**, elle promettait de nouveaux départs, des passions épanouies et des victoires imminentes. **En tant qu'étoile du soir**, en revanche, elle symbolisait la réflexion, la fin des cycles et le pouvoir de la transformation intérieure.

Ce double aspect Ishtar-Vénus représentait **la complexité de la vie humaine**, où l'amour et la guerre étaient entremêlés, et où les changements, marqués par les cycles célestes, influençaient la dynamique des relations personnelles et le sort des conflits.

Ninurta et Saturne

Ninurta, dieu de l'agriculture et de la guerre, était associé à **Saturne**, la planète la plus sombre et la plus lointaine, dont la lente trajectoire dans le ciel symbolisait le pouvoir inexorable du temps et du destin. Ninurta, connu à la fois pour son rôle de protecteur des récoltes et pour sa force destructrice au combat, incarnait l'équilibre entre la création et la destruction, entre la croissance et le déclin.

La lente orbite de **Saturne** autour du Soleil reflétait parfaitement cette nature. Comme Ninurta, **Saturne** est porteur d'une énergie ambivalente : il peut être le messager de la justice, apportant équilibre et abondance, mais aussi de la **destruction délibérée**, lorsqu'il faut abattre ce qui n'est plus fertile ou juste. L'apparition de Saturne dans le ciel était un signe que les Chaldéens surveillaient attentivement, car elle pouvait annoncer des **périodes de grande difficulté ou d'abondance**.

Dans sa dimension agricole, Ninurta et Saturne ont influencé la **planification des récoltes**, indiquant des périodes de prospérité ou de famine. Dans le domaine de la guerre, la présence de Saturne signalait la nécessité de se préparer avec patience et détermination, à la fois pour faire face à des conflits imminents et pour résister aux difficultés naturelles, telles que les catastrophes ou les phénomènes météorologiques défavorables. **Saturne** était donc un symbole de **force et de résistance**, mais aussi de changement inévitable, un guide silencieux pour ceux qui savaient écouter ses mouvements lents et puissants.

Nabu et Mercure

Nabu, le dieu de la sagesse, de l'écriture et de la communication, a trouvé son reflet céleste en **Mercure**, la planète connue pour ses mouvements rapides dans le ciel. La vitesse à laquelle **Mercure** apparaissait et disparaissait de l'horizon reflétait parfaitement le rôle de Nabu en tant que **messager des dieux**, capable de transmettre des informations divines avec agilité et précision.

Nabu était **le gardien du savoir**, celui qui gouvernait l'art de l'écriture, des études et de la communication, éléments fondamentaux pour la croissance et l'évolution de la société chaldéenne. Son influence s'étendait non seulement au savoir sacré, mais aussi à des domaines pratiques tels que le **commerce** et la diplomatie, domaines où la rapidité d'esprit et la clarté d'expression étaient vitales pour le progrès et le bien-être de la communauté.

Mercure était donc le symbole céleste de cette énergie vivante et dynamique, capable de **transmettre les décrets divins** et de favoriser la circulation des connaissances. Ses apparitions et disparitions dans le ciel étaient autant de signes de changement et de mouvement : nouvelles idées, nouvelles opportunités d'échange et d'apprentissage, mais aussi mise en garde contre d'éventuels virages rapides ou décisions soudaines. L'influence de **Nabu** et de Mercure était cruciale pour la gestion de l'information et des ressources intellectuelles, façonnant le destin non seulement des individus, mais aussi de la société dans son ensemble.

Nergal et Mars

Nergal, dieu de la guerre, de la peste et des enfers, était étroitement lié à **Mars**, la planète rouge qui brillait dans le ciel d'une lumière ardente et sinistre. La couleur sanguine de **Mars** en faisait le symbole parfait de la nature destructrice et féroce de **Nergal**, le porteur du chaos et de la mort. Lorsque Mars devenait visible dans le ciel nocturne, les Chaldéens y voyaient le signe d'**une guerre imminente**, d'une peste ou d'un désastre qui allait perturber le monde des hommes.

Nergal n'était pas un dieu qui faisait la guerre pour la victoire, mais incarnait la destruction nécessaire, le feu purificateur qui s'abattait sur ceux qui devaient être punis ou rachetés par la souffrance. **Mars,** avec sa lumière ardente, évoquait les batailles sanglantes et la fureur divine qui se déversait sur les champs de bataille et dans les fléaux qui décimaient les populations.

Lorsque **Mars** régnait dans le ciel, les prêtres chaldéens accomplissaient des **rites propitiatoires**, des prières et des sacrifices pour tenter d'apaiser la colère de **Nergal**. Ses présages ne laissaient aucune place à une interprétation bienveillante ; il représentait le conflit, la destruction et la nécessité de se préparer à des temps sombres. Mars est ainsi devenu un symbole céleste d'avertissement, une manifestation de la volonté implacable de Nergal, le seigneur de la mort et des enfers, dont la colère ne peut être tempérée que par le respect et la dévotion.

Le péché et la lune

Sin, le dieu de la lune, était une figure centrale du panthéon chaldéen et de la vie quotidienne du peuple mésopotamien. Son règne s'étendait sur le ciel nocturne et sa face lunaire lumineuse marquait le rythme de la vie et du temps. **Les phases de la lune**, réglées par Sin, contrôlaient le **calendrier mensuel**, déterminant les périodes propices aux semailles, aux récoltes et aux activités maritimes. Chaque phase lunaire avait une signification particulière et sa visibilité dans le ciel influençait les décisions cruciales.

Pour les Chaldéens, **Sin** n'était pas seulement le seigneur de la nuit, mais aussi **le mesureur** du temps, celui qui notait le passage des jours et des mois. Ses phases guidaient la planification des **fêtes religieuses**, des rites agricoles et des cérémonies sacrées, reliant le monde terrestre aux énergies célestes. **La lune croissante** était considérée comme un signe de nouveaux départs, de croissance et de prospérité, tandis que la **lune décroissante** suggérait des périodes de réflexion et de fermeture.

La visibilité de **Sin** et de ses phases influençait également les moments importants de la vie personnelle, tels que les **mariages** et les entreprises. Consulter la lune avant de prendre une décision était une pratique courante, car on pensait que Sin pouvait éclairer le bon chemin et protéger ceux qui agissaient en accord avec son rythme. **Le péché** représentait la stabilité et la guidance dans l'obscurité, une force constante qui accompagnait les Chaldéens dans les défis de la vie.

En tant qu'**illuminateur de la nuit**, Sin était vénéré non seulement comme gardien du ciel, mais aussi comme symbole de sagesse et de vision intérieure, capable de révéler des secrets cachés pendant les heures les plus sombres.

Shamash et le soleil

Shamash, le dieu du soleil, était vénéré comme le **juge divin** et le garant de la justice entre les hommes. Son **voyage quotidien dans le ciel** représentait une vigilance et une illumination constantes, apportant non seulement la lumière physique mais aussi la clarté morale. Chaque lever de soleil marquait **la renaissance de Shamash**, symbole d'espoir et de renouveau, tandis que chaque coucher de soleil représentait sa mort temporaire, moment de réflexion annonçant son inévitable renaissance. Ce cycle éternel de mort et de renaissance représentait la vérité immuable selon laquelle, malgré l'obscurité de la nuit, le **soleil se lèverait à nouveau**, apportant avec lui la chaleur, la vie et la justice.

L'influence de Shamash s'étendait bien au-delà du monde naturel. **Il était invoqué** dans les affaires juridiques, les procès et les serments, pour s'assurer que la vérité prévalait et que la justice était rendue. En tant que **superviseur de la justice**, Shamash incarnait la droiture et l'équité, sa lumière révélatrice démasquait la tromperie et l'injustice, éclairant le chemin de la vérité. Chaque serment fait sous le soleil de Shamash était une alliance sacrée, un engagement que le dieu lui-même superviserait.

Shamash était donc bien plus qu'une divinité solaire : il représentait la force divine garante de l'équilibre et de la justice dans le monde humain, dont le cours était constamment éclairé et surveillé par son œil céleste vigilant.

LA NUMÉROLOGIE EST UNE MENTALITÉ

Dans les chapitres précédents, nous avons parcouru le chemin des anciens Chaldéens, explorant l'histoire de la numérologie comme un pont vers la compréhension de la **numérologie chaldéenne**. Ce voyage n'était pas seulement un exercice d'apprentissage historique. **C'était le début d'une profonde transformation**. Vous avez commencé à briser le premier voile qui recouvre votre conscience, à faire voler en éclats les barrières qui limitent votre esprit. Les planètes et les divinités dont nous avons parlé ne sont pas de simples symboles. **Ce sont de puissants archétypes mentaux**.

Chacun d'entre eux incarne des énergies primordiales, des forces profondément ancrées dans votre conscience. Avant de pouvoir vraiment comprendre les nombres, vous devez permettre à ces images de pénétrer votre esprit, de résonner en vous. **Les archétypes ne vivent pas seulement dans le ciel**. Ils vivent en vous, dans votre inconscient, dans votre ADN, dans les mémoires ancestrales que vous portez en vous.

Chaque archétype, qu'**il s'agisse de Mardouk, d'Ishtar ou de Nergal**, n'est pas seulement une figure mythologique. C'est **une clé**, une porte qui vous ouvre à une compréhension plus profonde des énergies cosmiques. Ces archétypes vibrent en accord avec les nombres, reliant le monde spirituel à la matière. **Votre esprit doit d'abord s'aligner sur ces forces** afin de décoder les secrets que recèlent les nombres.

Dans ce chapitre, nous allons explorer votre **état d'esprit**.

Nous aborderons ici ces croyances, ces blocages qui vous empêchent de comprendre pleinement la numérologie. **L'état d'esprit est essentiel** : ce que vous croyez et ce à quoi vous pensez crée les limites de votre réalité. Si votre pensée reste limitée ou fermée, l'énergie des nombres ne peut pas circuler librement en vous.

Dépassez ces limites et préparez votre esprit à recevoir ce que les nombres et les archétypes sont prêts à vous montrer.

Comment fonctionne votre esprit

Vous êtes-vous déjà demandé pourquoi certaines personnes semblent naviguer sans effort dans les chiffres, alors que d'autres se perdent dans les nombres et les formules ?

La réponse est simple : **cela dépend du type d'esprit que nous utilisons**.

La raison pour laquelle de nombreux enseignants échouent dans l'enseignement des mathématiques est qu'ils essaient d'associer des concepts abstraits à des images concrètes. En soi, ce n'est pas une mauvaise idée, surtout lorsqu'il s'agit d'**imagination**. Lorsque nous conversons, lorsque nous pensons, notre esprit utilise des images. **Les parties conscientes et subconscientes** utilisent des images pour communiquer, transformant nos habitudes et nos paradigmes en ancrages émotionnels qui façonnent notre comportement et nous guident vers nos résultats.

Mais si l'esprit est divisé en **deux dimensions, l'une** rationnelle et l'autre irrationnelle, il existe deux grands modes de pensée : l'**abstrait** et l'**imaginatif**. Seule une petite partie de la population a recours à la pensée abstraite. Ce sont les personnes qui sont souvent considérées comme hors normes, celles qui défient la norme. **Dyslexiques, intrigants, marginaux**. Ces personnes, souvent perçues comme différentes, possèdent une plus grande capacité à opérer dans le domaine de l'abstraction, là où naissent les idées les plus révolutionnaires. C'est là que s'épanouissent la compréhension ésotérique et, si elles sont bien alignées, même les compétences mathématiques. Mais voici le secret : **cette mentalité peut être entraînée**. Ce n'est pas un don réservé à quelques élus. En entraînant à la fois l'esprit rationnel et le subconscient, vous pouvez développer votre capacité à penser de manière abstraite. **La première étape de tout chemin ésotérique** devrait être l'entraînement à cet état d'esprit. C'est comme si vous prépariez votre esprit à voir au-delà du voile de la réalité, à reconnaître les fils invisibles qui relient tout. Imaginez que vous puissiez comprendre ce que les autres ne voient pas, que vous puissiez relier les chiffres à l'énergie qui vous traverse, que vous puissiez utiliser cette connaissance pour **guider votre chemin sentimental et spirituel**.

C'est le pouvoir de la pensée abstraite : elle permet d'aller au-delà de ce qui est visible, à un niveau plus profond de conscience et de compréhension.

L'esprit imaginatif

L'imagination est le cœur battant de votre esprit. C'est cette partie que tout le monde utilise chaque jour, consciemment ou non. Grâce aux images, nous pensons, nous rêvons et nous comprenons le monde qui nous entoure. Mais si vous n'avez jamais vraiment entraîné cette capacité, si vous ne l'avez pas utilisée consciemment, il devient impossible d'accéder à un niveau plus profond, le domaine de la pensée abstraite.

Imaginez ceci : **sans images claires dans votre esprit, il devient impossible de comprendre vraiment ce dont vous parlez ou ce à quoi vous pensez**. Si je vous dis un mot - tel que chien, chat, enfant - votre esprit évoque immédiatement une image. Il s'agit d'une image archétypale, qui résonne avec vos expériences, vos croyances et vos préjugés. Sans cette clarté visuelle intérieure, la pensée devient confuse, insaisissable.

Par conséquent, **la première étape de l'entraînement à l'abstraction** consiste à prendre conscience du fonctionnement de l'imagination et de l'esprit.

Imaginez maintenant **que votre esprit est une personne**. Visualisez un personnage stylisé, dont la tête est divisée en deux parties : la partie supérieure représente l'esprit rationnel, relié aux sens. Cette partie agit comme un filtre pour tout stimulus externe, séparant ce que vous percevez en fragments que votre esprit conscient peut comprendre. En dessous, il y a votre subconscient, qui agit différemment. Comme par osmose, **il absorbe les informations de l'esprit rationnel** et les retient, invisible mais puissant.

Le subconscient est relié au corps de ce personnage imaginaire. Pourquoi ? Parce que ce sont les informations, les programmes, les habitudes qui résident dans votre subconscient qui font bouger votre corps, qui guident vos actions quotidiennes sans que vous en soyez pleinement conscient. Vos habitudes et vos paradigmes sont le pilote automatique de votre vie. Ils déterminent vos résultats : votre poids, votre forme physique, vos revenus, les personnes que vous attirez et fréquentez.

Prendre conscience du fonctionnement de votre esprit vous permet d'observer votre vie sous un nouvel angle. Soudain, vous pouvez **voir clairement** ce qui ne fonctionne pas et comprendre comment vous reprogrammer pour vous améliorer. **Reprogrammer votre subconscient** revient à réécrire votre histoire, à aligner votre esprit et votre corps sur ce que vous voulez vraiment.

Commencez par observer vos images mentales, explorez-les et découvrez comment elles influencent votre comportement.

L'esprit abstrait

La pensée abstraite, contrairement à l'esprit imaginatif, ne se nourrit pas d'images visibles. Elle évolue plutôt à travers des connexions **conceptuelles**, liées à des symboles ou, plus précisément, à des **archétypes**. Ces archétypes sont l'essence invisible des images que nous connaissons, leur noyau énergétique et symbolique, en résonance avec les profondeurs de l'âme.

Lorsque vous commencez à vous aventurer dans l'étude de l'ésotérisme, vous explorez le **lien subtil et mystérieux entre le macrocosme et le microcosme**, le lien qui existe entre l'univers et l'individu, entre les étoiles dans le ciel et les profondeurs de votre être. **Pour comprendre ce lien**, votre esprit a besoin d'un entraînement particulier. Il ne suffit plus de voir le monde avec des yeux rationnels ou de suivre des pensées logiques linéaires. Vous devez vous immerger dans le monde des archétypes, car **les archétypes sont les clés qui ouvrent les portes de l'abstrait**.

C'est pourquoi, dans l'ésotérisme, **les lettres, les chiffres, les planètes et les divinités** sont liés à des archétypes sous forme d'images symboliques. Ces symboles ne sont pas de simples décorations : ce sont des outils puissants qui s'adressent directement à votre subconscient et à votre esprit. **Grâce à l'étude des archétypes**, vous commencez à voir les connexions cachées, les liens invisibles qui existent entre vous et l'univers. Cela vous permet de mieux comprendre le monde qui vous entoure et la place que vous y occupez. Sans ce processus d'**étude des archétypes**, il serait impossible de développer un esprit mathématique ou abstrait. Ce serait comme essayer de lire une carte sans en connaître les symboles. La pensée abstraite ne peut exister sans cette base. Les archétypes sont la base sur laquelle se construit votre compréhension du cosmos et de votre propre âme, vous **permettant de lire les nombres, les symboles et les forces cosmiques avec une clarté qui va au-delà de la pensée logique**.

Entraîner son esprit de cette manière, c'est **se mettre au diapason de l'ordre caché de l'univers**.

Il ne s'agit pas d'un simple exercice intellectuel, mais d'une véritable transformation intérieure qui vous permet de naviguer dans les énergies invisibles qui régissent votre vie.

Paradigmes négatifs affectant votre compréhension des nombres.

Avant d'aller plus loin dans notre voyage à travers la numérologie, nous devons franchir une étape importante, que beaucoup négligent. **Votre esprit**, comme la terre qui doit être préparée avant d'être semée, doit être débarrassé des **préjugés négatifs** qui pourraient miner votre compréhension des nombres et de leurs vibrations.

Considérez ce moment comme une phase **initiatique** de **nigredo**, la première étape de l'alchimie spirituelle. Ici, votre **ancienne identité - celle qui** est liée à de vieux schémas de pensée, à des croyances limitatives et à des paradigmes négatifs - sera détruite pour faire place à une **nouvelle version de vous-même**, plus ouverte, plus consciente et prête à recevoir la sagesse des nombres.

Les paradigmes négatifs sont comme des chaînes invisibles. Ils vous empêchent de voir les chiffres pour ce qu'ils sont vraiment : des symboles puissants qui relient le microcosme et le macrocosme. Peut-être avez-vous toujours pensé que les chiffres sont froids, logiques, difficiles à comprendre, ou que les mathématiques ne sont pas votre fort. Ce ne sont là que les reflets de croyances qui ne vous appartiennent pas vraiment, mais que vous avez absorbées au fil du temps.

Pour vous libérer de ces chaînes, vous devez vous plonger dans un processus de **reprogrammation mentale**. Il ne suffit pas de lire ou de comprendre des concepts ; vous devez vous approprier ce nouvel état d'esprit, l'intérioriser jusqu'à ce qu'il fasse partie de vous. Répétez chaque paradigme positif au moins **cinq fois par jour pendant un mois**. La répétition et l'immersion sont les clés. C'est comme réécrire le code d'un programme, ligne par ligne, jusqu'à ce que l'ancienne version n'existe plus.

Dans ce processus, vous ne changez pas simplement votre façon de penser. **Vous créez un nouveau vous.** Chaque fois que vous répétez ces nouvelles croyances, vous éliminez les vestiges de votre ancienne identité, celle qui doutait de son propre pouvoir, celle qui pensait que les chiffres n'étaient que des nombres vides.

Les nombres sont bien plus que cela. Ce sont des **clés énergétiques** qui peuvent ouvrir des portes dans votre vie émotionnelle, spirituelle et personnelle. Mais pour les utiliser, vous devez d'abord aligner votre esprit sur leurs vibrations. **Chaque paradigme négatif que vous laissez derrière vous vous** rapproche d'une compréhension plus profonde et d'une nouvelle version de vous-même, prête à naviguer dans les symboles cachés de l'univers.

La numérologie pour gagner à la loterie est stupide.

De nombreuses personnes abordent la numérologie avec l'idée qu'elles peuvent **gagner à la loterie**, cherchant un moyen rapide et magique de changer leurs finances. Mais si ces personnes comprenaient vraiment le pouvoir et la signification des nombres, elles sauraient que **la probabilité mathématique** de gagner à la loterie est presque inexistante : **1 sur un milliard**. Continuer à espérer ce résultat revient à poursuivre un mirage dans le désert.

Derrière cette attitude se cache un problème plus profond : **une relation toxique avec l'argent**. Les personnes qui abordent la numérologie avec ces attentes **vivent** souvent **dans la pénurie**, convaincues que l'argent est quelque chose de limité que seuls ceux qui trichent ou trompent peuvent obtenir. Cette croyance les conduit à tomber dans un cycle d'auto-sabotage. Même lorsqu'elles parviennent à obtenir un peu d'argent, elles le **gaspillent immédiatement**, se justifiant en disant qu'elles le "réinvestissent", alors qu'en réalité elles ne font qu'essayer de gagner à nouveau.

Cette mentalité ruine non seulement leur vie économique, mais **aussi leur réussite personnelle et spirituelle**. La relation toxique avec l'argent se reflète dans tous les aspects de leur existence, bloquant les possibilités de croissance et éloignant la prospérité. Si vous ne pouvez pas changer votre façon de penser à l'argent, **vous ne serez jamais en mesure de l'attirer de** manière saine et cohérente.

L'argent n'est pas un objet fixe, limité, réservé à quelques-uns. C'est une énergie, un instrument d'échange. Tout comme les molécules de sucre échangent de l'énergie dans le corps, l'argent est un moyen d'échanger de la valeur. Et savez-vous quel est le secret ? L'argent est **infini et facile à obtenir**. Chaque jour, on en imprime davantage et chaque jour, de nouvelles possibilités de gagner de l'argent apparaissent. Vous n'avez pas besoin d'un titre ou d'un coup de chance pour obtenir de l'argent. **Il suffit de produire de la valeur.**

Et produire de la valeur signifie **aider les gens à améliorer leur vie**, exactement comme je le fais avec vous en vous expliquant ces concepts. Lorsque vous vous concentrez sur la façon dont vous pouvez offrir de la valeur aux autres, l'argent afflue naturellement. Écrivez chaque jour sur une feuille de papier **: "L'argent est infini et facile à obtenir"**. Laissez cette affirmation pénétrer votre esprit, transformant ainsi votre relation avec l'énergie de l'argent.

Changez votre état d'esprit et vous verrez comment les chiffres vous guideront vers une nouvelle compréhension, où **le succès personnel et financier** n'est pas une question de chance, mais d'alignement avec les énergies cosmiques.

Vous êtes bon en maths

Si vous continuez à vous dire le contraire, que vous n'êtes pas doué pour quelque chose, que vous ne méritez pas le succès, vous ne faites que **renforcer un mur invisible** entre vous et ce que vous désirez. Chaque fois que vous formulez une pensée négative, vous créez sans le savoir une barrière qui vous empêche d'exploiter votre potentiel. Mais vous pouvez choisir de changer cette dynamique.

Au lieu de dire : "Je ne suis pas bon dans ce domaine", demandez-vous : **"Comment puis-je m'améliorer dans ce domaine ?"** Ce petit changement de perspective peut ouvrir une porte vers l'amélioration. **Il n'arrête pas votre croissance**, mais vous pousse à vous améliorer. Chaque fois que vous vous posez cette question, votre esprit commence à chercher des solutions, au lieu de s'enfermer dans une spirale négative.

Les répétitions négatives sont insidieuses. Pensez-y un instant : l'individu moyen est constamment bombardé de messages négatifs. Une étude menée par le Dr Vitale aux États-Unis a révélé que nous sommes exposés à environ **700 phrases négatives par jour**.

Nous les entendons dans la famille, au travail, à la télévision, sur les médias sociaux. Et si vous ajoutez à ce bombardement quotidien les voix négatives de votre passé, comme celles de l'école, le tableau devient encore plus lourd.

Mais voici le point crucial : **vous n'êtes pas à blâmer**. Vous avez probablement eu des professeurs qui n'ont pas été capables de vous enseigner les mathématiques. **Ils n'ont pas été capables de vous montrer comment fonctionne réellement votre esprit**, et ils ont transféré le poids de leur échec sur vous. Si, dans une classe de 30 enfants, seuls deux comprennent les mathématiques, le problème ne vient pas de vous. C'est l'enseignant qui n'a pas su s'adapter, et les mathématiques elles-mêmes le confirment. **Ce n'est pas vous qui êtes incapable** ; vous avez été conditionné à accepter une fausse réalité.

Lorsqu'un professeur vous dit que vous n'êtes pas bon, cette affirmation s'enracine dans votre subconscient, créant un **paradigme limitatif**.

Mais maintenant que vous comprenez comment fonctionne votre esprit, maintenant que vous connaissez le pouvoir de la pensée abstraite, **vous avez tous les outils pour être bon aussi**. Non seulement bon, mais **meilleur** que ceux qui n'ont jamais eu accès à ce savoir.

Commencez à vous dire chaque jour **: "Je suis bon en maths"**. Changez le discours qui vous a été imposé. Votre esprit est un outil puissant, capable de s'adapter et d'apprendre, de grandir et de s'améliorer. Et maintenant, avec les connaissances que vous avez acquises, vous êtes prêt à réécrire votre destin, étape par étape.

CHIFFRES CHALDÉENS

Dans le chapitre précédent, nous avons parcouru ensemble un chemin intense et nécessaire : la **destruction des vieux paradigmes**. Ce travail, aussi exigeant soit-il, est essentiel pour libérer votre esprit des préjugés qui bloquent votre compréhension profonde des nombres. Sans cette purification initiale, il vous serait impossible d'accéder aux niveaux les plus avancés de la numérologie, tels que l'interprétation symbolique et, plus tard, les calculs complexes qui donnent vie à cette ancienne connaissance.

Pour certains de mes étudiants, malgré les simplifications que j'ai introduites dans les textes précédents, l'approche de la numérologie chaldéenne s'est avérée difficile. **D'anciens cadres de pensée** les ont maintenus ancrés dans une vision limitée, incapables de saisir le pouvoir des nombres et de l'appliquer à leur propre vie. Mais vous avez courageusement affronté ce processus de destruction et de renaissance. **Nous avons nettoyé votre esprit ensemble**, en éliminant la saleté que des années d'enseignements erronés et de conditionnement extérieur avaient déposée dans ses profondeurs.

Aujourd'hui, grâce à cet ouvrage, vous êtes prêt à construire vos connaissances sur des **bases solides**, aussi robustes qu'un temple construit pour durer. Avec les outils que vous avez acquis, non seulement vous comprenez le sens des nombres, mais vous les percevez à un niveau symbolique et archétypal.

Votre subconscient a été reprogrammé pour accueillir ces nouvelles connaissances et se laisser guider par la sagesse numérologique, en abandonnant les limitations du passé.

Ce travail ésotérique, véritable **manipulation du subconscient**, vous a permis d'accéder au langage symbolique des nombres.

Désormais, grâce à l'imagerie et à la répétition mentale, les nombres ne sont plus des chiffres vides, mais des **clés** qui ouvrent des portes invisibles, vous connectant à des énergies subtiles, à des liens profonds entre votre être et le monde qui vous entoure.

Vous êtes prêt à vous immerger dans cet univers. À partir de maintenant, les nombres chaldéens ne seront plus seulement des concepts, ils deviendront des **instruments de transformation**, des miroirs qui reflètent votre chemin et l'énergie qui vous entoure.

Numéro 1 chaldéen : L'influence du soleil et la bénédiction de Shamash

Imaginez que vous marchez sous le soleil de midi, que vous sentez son énergie pure et irrépressible sur votre peau. C'est la force du **chiffre 1** selon la tradition chaldéenne, un chiffre qui porte en lui l'essence du Soleil et l'influence divine de **Shamash**, le dieu de la justice et de la vérité. Dans cette ancienne tradition, le Soleil n'était pas seulement une étoile dans le ciel, mais une source d'illumination spirituelle et d'ordre universel. Le chiffre 1, en tant que manifestation de cette lumière primordiale, est un symbole de **leadership, d'indépendance et de désir ardent de liberté**.

Lorsque le chiffre 1 vous accompagne, vous êtes appelé à incarner une force qui ne connaît pas l'incertitude. C'est une flamme qui ne peut s'éteindre, une lumière qui n'admet pas de rival. Votre âme se reconnaît comme unique, comme point de départ. Votre présence n'a rien de désinvolte et chacun de vos pas semble guidé par un instinct qui vous fait toujours avancer, jamais reculer. Vous êtes comme un rayon de lumière, capable d'éclairer là où les autres ne voient que l'obscurité. **Votre chemin n'est jamais ordinaire, mais celui d'un pionnier, d'un guide**. Et ce rôle n'est pas sans défis : être le premier signifie aussi affronter seul les ombres les plus profondes.

Le chiffre 1 est synonyme de création et de commencement. Tout comme le soleil se lève à l'aube, apportant le jour, vous ressentez vous aussi l'appel à ouvrir la voie. Ce pouvoir de commencer, d'initier, est une qualité rare qui n'appartient pas à tout le monde. C'est le pouvoir d'une âme qui sait qu'elle peut changer le cours de sa vie. Vous êtes destiné à créer, à ouvrir de nouvelles voies, à briser les chaînes du passé. Ce nombre vous donne une **volonté ferme, presque inébranlable** : lorsque vous décidez quelque chose, votre détermination devient une armure qui vous protège des doutes et des insécurités.

Le chiffre 1 est également le symbole de l'indépendance absolue. Tout comme le Soleil n'a besoin de rien pour briller, vous ne ressentez pas le besoin de dépendre des autres. Votre autonomie est votre force, une qualité que peu de gens peuvent comprendre. C'est une sorte d'appel ancestral, une vibration profonde qui vous pousse à marcher seul, à découvrir le monde selon votre propre vision et non celle des autres. **Il ne s'agit pas d'être seul, mais de choisir d'être l'auteur de son propre destin**.

Shamash, le dieu qui représente ce nombre, est également le seigneur de la justice. Chez vous, cette énergie se traduit par un sens aigu de l'équité, du bien et du mal. Vous ne tolérez pas l'injustice ou les impositions. Le fait d'être sous l'influence du Soleil et de Shamash vous rend naturellement réfractaire à toute forme de soumission : vous ne supportez pas que d'autres décident pour vous, et vous n'avez pas peur de défendre vos convictions, quitte à être une voix hors du chœur. **Votre âme, imprégnée de la lumière de Shamash, est appelée à briller d'une lumière qui n'est pas seulement personnelle, mais universelle**. Votre présence est souvent un défi pour ceux qui cherchent à vous domestiquer ou à limiter votre liberté.

Mais cette indépendance a un prix. Votre aversion pour l'autorité, ce désir d'être vous-même l'autorité, peut vous conduire à vous heurter à des obstacles qui exigent de la patience, de la diplomatie et parfois même des compromis. Si votre nature vous pousse à être libre et indompté, il y a aussi des situations où le monde exige votre capacité d'adaptation. C'est dans ces moments-là que le chiffre 1 devient un maître de sagesse qui vous enseigne la vertu du calme. C'est là le plus grand défi : **trouver le juste équilibre entre votre liberté et les limites imposées par la réalité**. Ce n'est pas facile pour vous, mais c'est le prix d'une âme qui est née pour être autonome.

En amour, le chiffre 1 apporte une aura de magnétisme et de force. Vous êtes attiré par ceux qui partagent votre désir de liberté, ceux qui respectent votre individualité sans essayer de la changer. **Pour**

vous, l'amour n'est jamais une cage, mais une danse d'âmes libres. Cependant, ce besoin d'indépendance peut aussi devenir un obstacle, surtout si l'autre ne peut pas comprendre votre besoin d'espace et d'autonomie. L'amour, pour vous, est comme un reflet du soleil : beau, éblouissant, mais jamais statique. Vous êtes attiré par les âmes qui, comme vous, n'ont pas peur de briller seules, qui ne sont pas intimidées par votre intensité, mais qui y trouvent inspiration et force.

Être sous l'influence du Soleil, c'est aussi être constamment exposé à son ombre. Shamash, avec sa justice inflexible, ne laisse aucune place au compromis. Ainsi, tout en brillant de votre propre lumière, vous êtes également invité à affronter les côtés les plus cachés de votre personnalité. Le désir d'indépendance peut se transformer en solitude ; la force intérieure peut devenir rigidité. **C'est là que votre âme doit affronter son côté obscur**, découvrir ce qui se cache derrière le besoin d'être toujours le premier, toujours le plus fort. Ce chiffre vous demande d'être honnête avec vous-même, d'accepter vos fragilités sans crainte, de permettre à votre lumière de toucher même vos insécurités. Le chiffre 1 vous invite également à prendre des initiatives dans le monde. Il ne suffit pas de briller seul : vous avez aussi la tâche d'éclairer les autres, de les guider vers un chemin de croissance. Shamash, le dieu Soleil, ne brille pas seulement pour lui-même, mais pour tous ceux qui cherchent la vérité. Comme lui, vous êtes appelé à être un phare, à diffuser vos connaissances et votre énergie. Votre leadership naturel n'est pas seulement un don pour vous, mais un don pour ceux qui vous entourent. **Vous avez la capacité d'inspirer, d'éveiller les autres** ; vous pouvez les amener à voir leur propre lumière, à reconnaître leur propre pouvoir.

Vous êtes destiné à devenir un exemple de force et d'intégrité. Pourtant, vous ne trouverez pas toujours de compagnons sur votre chemin. Beaucoup seront intimidés par votre intensité ; d'autres essaieront de vous retenir, de vous entraîner dans leur chute. Mais tu es né pour t'élever, pour surmonter toutes les difficultés. Le numéro 1 vous demande d'avoir le courage d'être différent, de ne pas céder à la tentation de vous adapter. **C'est en étant vous-même que vous remporterez votre plus grande victoire**. Et lorsque vous avez des doutes ou des craintes, rappelez-vous : le soleil se lève toujours, même après la nuit la plus sombre.

En fin de compte, le chiffre 1 vous ramène à la vérité de qui vous êtes. C'est un chiffre qui n'admet aucun compromis, un symbole d'**authenticité absolue**. Être sous cette influence, c'est vivre avec un but, avec une direction claire. Chacun de vos actes est guidé par la conscience de ce que vous êtes et de ce que vous pouvez devenir. Le soleil, avec toute sa lumière, ne connaît pas l'ombre. De même, vous êtes appelés à vivre sans vous cacher, sans rien laisser de côté. Votre âme, illuminée par Shamash, est destinée à briller.

Numéro 2 chaldéen : L'influence de la lune et la bénédiction du péché

Imaginez la lueur de la pleine lune par une nuit silencieuse, lorsque l'air semble plein de secrets et que tout est imprégné d'une atmosphère feutrée, presque onirique. **Telle est l'essence du nombre chaldéen 2**, dans lequel on retrouve la délicatesse de la lune, son flux doux et enveloppant qui s'adresse directement au cœur. La Lune, en effet, n'émet pas sa propre lumière, mais reflète celle du Soleil : ainsi, celui qui est influencé par le nombre 2 a une âme capable de refléter et d'amplifier les émotions des autres, d'en ressentir chaque nuance avec intensité. C'est une magie que tout le monde ne peut pas comprendre et qui représente à la fois une bénédiction et un défi.

Sous l'influence du dieu lunaire chaldéen **Sin**, le chiffre 2 représente la force silencieuse de l'empathie et de la connexion intérieure. Sin était le dieu qui observait les cycles de la Lune, celui qui guidait les phases de croissance et de déclin qui affectent non seulement le monde extérieur, mais aussi les profondeurs de l'âme. Le chiffre 2, comme la Lune, croît et se rétracte, fluctue et s'écoule. Les personnes qui portent cette énergie incarnent une sensibilité qui les rend profondément perspicaces. Elles peuvent percevoir les non-dits, comprendre les émotions cachées. **C'est leur force, mais aussi leur mystère**, car les personnes ainsi connectées à la Lune peuvent se retrouver à vivre entre rêve et réalité, entre intuition et réalité matérielle.

Votre âme, lorsqu'elle est influencée par ce nombre, est comme une aquarelle peinte sur une étendue d'eau : belle dans sa transparence, capable de refléter toutes les nuances qui l'entourent. Mais cette même qualité peut vous rendre vulnérable, précisément parce que **votre capacité à ressentir est si intense que vous vous perdez souvent dans les détails émotionnels**. Vous pouvez comprendre les autres à un niveau qui dépasse les mots, comme si vous pouviez entendre leur cœur à travers le vôtre. Pourtant, cette capacité d'empathie peut vous faire oublier votre personnalité, ce que vous voulez vraiment et ce qui vous rend heureux. Parfois, vous ressentez le besoin de vous cacher, de vous retirer dans le silence, parce que les émotions que vous percevez autour de vous deviennent presque insupportables.

Le porteur du chiffre 2 est souvent un guide spirituel silencieux, une présence qui inspire la confiance et sait écouter sans juger. Mais si vous pouvez être le refuge des autres, leur apportant réconfort et compréhension, vous pouvez avoir du mal à recevoir le même type de soutien. **Votre douceur peut être perçue comme une faiblesse,** et ceux qui ne vous connaissent pas bien peuvent ne pas comprendre votre véritable force intérieure. C'est l'un des grands dilemmes du chiffre 2 : être perçu comme fragile, alors que vous possédez une résistance d'acier, forgée dans le feu de l'âme. Sin, le dieu de la lune, vous donne une lumière douce, mais cette lumière risque parfois d'être obscurcie par ceux qui ne savent pas voir au-delà de la surface.

Votre créativité, comme l'énergie de la Lune, est profonde et introspective. Il y a quelque chose de magique et de mélancolique dans ce que vous créez, comme si votre art était un canal pour exprimer ces émotions que vous ne pouvez pas toujours mettre en mots. La Lune, avec ses phases, vous enseigne que la beauté peut être éphémère et qu'il y a de la force même dans la vulnérabilité. **Votre art, votre expression créative, a le pouvoir de toucher l'âme des autres**, d'évoquer des sentiments cachés et de mettre en lumière ce qui resterait normalement dans l'ombre. Ce talent est précieux, mais il n'est pas toujours reconnu ; il exige le courage de s'exposer et la patience de celui qui sait que sa valeur ne dépend pas de la reconnaissance extérieure.

Cependant, la sensibilité lunaire qui vous accompagne peut aussi devenir un piège. **Votre esprit est comme une toile sur laquelle chaque émotion s'imprime fortement**, laissant des traces qui peuvent devenir des cicatrices. Vous vous attardez sur de petits détails, sur des mots dits ou non dits, sur des regards et des nuances que les autres ne remarquent même pas. Cette tendance à s'attarder sur les détails fait de vous une personne exceptionnelle pour saisir ce qui échappe aux autres, mais elle peut aussi vous amener à perdre de vue la situation dans son ensemble, à vous sentir perdu dans un labyrinthe de sentiments et d'impressions.

En amour, le chiffre 2 vous enveloppe d'un profond désir de connexion, d'intimité authentique. Vous n'êtes pas attiré par les relations superficielles ; pour vous, l'amour est un art sacré, une rencontre d'âmes. **Vous recherchez un partenaire qui puisse être le miroir de votre âme**, quelqu'un qui puisse vous comprendre sans avoir besoin de mots, apprécier votre douceur et refléter votre profondeur. Mais le risque est que votre tendance à donner sans réserve vous laisse un sentiment de vide, surtout si l'autre n'est pas capable de vous donner la même intensité. Parfois, vous pouvez vous sentir comme la Lune qui brille dans la solitude, visible mais distante. Votre âme aspire à la fusion, à la connexion, mais craint en même temps la perte de soi.

L'influence du dieu Sin t'apprend à regarder au-delà des apparences, à chercher la vérité cachée dans le cœur des autres. Tu es une personne capable de comprendre les nuances de la vie, qui voit les ombres et la lumière comme les parties d'une même danse. **Cependant, il est essentiel que tu apprennes à protéger ton énergie**, à ne pas laisser ta sensibilité te consumer. C'est un don précieux, mais qui demande du discernement. La Lune peut être séduisante et hypnotique, mais elle peut aussi vous conduire à vous perdre dans les profondeurs de l'inconscient, à vous égarer dans des mondes de rêves et d'illusions.

Le plus grand défi pour vous, sous l'influence du nombre 2, est d'apprendre à maintenir un équilibre entre votre monde intérieur et la réalité extérieure. **Être le nombre de la Lune signifie être capable de naviguer à travers les émotions sans être submergé par elles.** Votre force réside dans votre capacité à aimer, à comprendre, à guérir. Mais vous devez aussi trouver votre centre, sans perdre de vue qui vous êtes vraiment. Comme la Lune qui reflète la lumière du Soleil, vous devez apprendre à réfléchir sans tout absorber. Être empathique ne signifie pas endosser la douleur de quelqu'un d'autre, mais être capable de la comprendre sans la laisser affecter votre essence.

Votre âme a besoin d'espaces de silence, de moments où vous pouvez vous retirer pour retrouver votre énergie. Vous ne devez pas avoir peur de dire non, de fermer des portes lorsque vous ressentez le besoin de vous protéger. **Apprendre à poser des limites est un acte d'amour envers soi-même**. Ceux qui vous aiment vraiment comprendront et respecteront ce besoin, et pourront vous approcher sans violer votre espace sacré.

Le chiffre 2, avec toute sa délicatesse, est un chiffre puissant précisément en raison de sa capacité à sentir ce qui échappe aux autres. Sin, le dieu lunaire, vous guide avec une lumière douce, une lumière qui est réflexion et intuition, une lumière qui n'éblouit pas mais qui révèle des vérités cachées. Ton âme est comme un fleuve qui coule placidement, mais qui a une force souterraine, un courant invisible qui ne s'arrête jamais. N'oubliez jamais cette force qui est la vôtre, même lorsque le monde vous semble trop dur, même lorsque vous avez l'impression d'être incompris.

Être une personne portant le chiffre 2, c'est danser au rythme de la Lune, suivre ses cycles, accepter ses variations. Votre âme est faite d'**ombre et de lumière, d'empathie et d'introspection**, d'amour et de solitude. N'essayez pas de changer cette essence qui est la vôtre, ne craignez pas votre sensibilité. Vous êtes destinés à éclairer le monde d'une lumière qui n'appartient pas à tout le monde, une lumière qui appartient à ceux qui savent voir avec le cœur.

Numéro 3 chaldéen : L'influence de Jupiter et la bénédiction de Mardouk

Imaginez Jupiter, le géant des cieux, avec son immense aura rayonnant de force et d'abondance. Au cœur du chiffre 3 se trouve l'énergie même de cette puissante planète, un élan vers l'expansion et l'épanouissement personnel que vous pouvez sentir en vous comme un feu qui ne s'éteint jamais. Sous l'égide de la divinité chaldéenne **Mardouk**, dieu de la justice et de la prospérité, le chiffre 3 appelle à une croissance qui ne s'arrête pas aux simples ambitions terrestres. **Mardouk était le dieu qui, selon les croyances anciennes, donnait de l'ordre au chaos**, et ceux qui sont influencés par le chiffre 3 portent en eux ce désir d'apporter de la lumière et de la clarté, de s'étendre vers de nouveaux horizons.

Si votre chiffre est le 3, une force vit en vous qui semble impossible à contenir. Vous avez une énergie intérieure qui palpite, toujours à la recherche de nouveaux objectifs, de nouveaux défis, de nouvelles terres à explorer. L'expansion n'est pas seulement un désir, c'est une nécessité, c'est l'appel de Jupiter, cette planète imposante qui n'accepte aucune limite. **Vous sentez en vous le besoin de grandir et d'explorer**, de conquérir des espaces que d'autres craignent de franchir. C'est une pulsion qui peut vous donner l'impression d'être un fleuve impétueux, impossible à arrêter. Vous avez l'ambition de laisser une trace, de ne pas passer inaperçu.

Marduk vous incite à devenir un symbole de force et de prospérité, mais il vous demande aussi d'affronter vos ombres, de mettre de l'ordre là où règne le chaos, à l'intérieur comme à l'extérieur de vous. C'est le don et le fardeau du chiffre 3 : l'expansion est un pouvoir immense, mais elle doit être guidée avec sagesse. Il ne s'agit pas d'une simple soif de succès ou de célébrité, mais d'un désir d'exprimer votre potentiel, d'atteindre une grandeur intérieure qui résonne dans tous les aspects de votre vie.

Votre esprit, sous l'influence de Jupiter, est comme une carte des étoiles qui vous guide pour voir au-delà des limites du présent. Vous êtes un habile stratège, une personne qui sait organiser et planifier, mais tout cela a un motif plus profond : **vous voulez laisser une empreinte**, quelque chose que les autres peuvent suivre. Il n'est pas rare que les personnes influencées par le chiffre 3 soient des leaders naturels, des personnes qui attirent les autres par leur charisme et leur confiance. Mais il ne s'agit pas d'un leadership imposé. C'est un pouvoir qui vient de votre capacité à élargir votre vision, à voir des possibilités là où d'autres ne voient que des murs.

En amour, cette énergie vous amène à désirer une connexion qui va au-delà du banal et du superficiel. Vous êtes attiré par ceux qui partagent votre soif de croissance, ceux qui ont la force de vous accompagner dans vos voyages spirituels et matériels. **Vous ne vous contentez pas d'une relation stagnante** ; vous avez besoin de quelqu'un qui est prêt à évoluer avec vous, un partenaire qui peut suivre vos rêves ambitieux. Mais cela peut aussi vous amener à vivre un dualisme intérieur : d'un côté, vous aspirez à la stabilité et de l'autre, un besoin constant de liberté vous anime. C'est un défi que Jupiter et Mardouk vous lancent, en vous demandant de trouver un équilibre entre le désir de vous ancrer et celui d'explorer de nouvelles voies.

L'énergie de Jupiter s'accompagne toutefois d'une mise en garde : l'expansion, si elle n'est pas guidée, peut devenir excessive. **Le risque est de vouloir trop, d'essayer de tout saisir sans apprécier ce que l'on a déjà**. Cet esprit de conquête peut se transformer en une envie de remplir chaque espace de votre vie sans jamais vous accorder une pause pour respirer et profiter du présent. Mardouk, le dieu de l'ordre, vous rappelle que l'expansion doit aussi avoir ses limites, qu'une croissance harmonieuse passe par le respect de ses propres limites. En d'autres termes, il vous invite à trouver une discipline intérieure qui vous permette d'atteindre l'équilibre.

Le nombre 3 est également porteur d'une forte charge spirituelle, d'un lien avec la dimension divine du pouvoir et de la justice. Les personnes influencées par ce nombre ont **une grande confiance en elles et en leur capacité à manifester ce qu'elles désirent**. Mais pour que ce pouvoir reste pur, il est nécessaire que le désir de réalisation ne devienne pas égoïste. Vous devez être prêt à vous développer non seulement pour vous-même, mais aussi pour inspirer et enrichir ceux que vous rencontrez sur votre chemin. Tel est le message de Mardouk : un véritable dirigeant ne cherche pas seulement à réussir, mais travaille à apporter la lumière à ceux qui l'entourent, afin que sa propre grandeur puisse également éclairer les autres.

Dans la sphère professionnelle, le chiffre 3 vous pousse vers des positions d'autorité ou des rôles dans lesquels vous pouvez exprimer votre sens de l'organisation et votre charisme naturel. **Vous êtes capable de prendre les rênes**, de gérer des projets ou des équipes avec une assurance qui inspire confiance aux autres. Cependant, en raison de cette attitude de leader, vous pouvez avoir du mal à accepter l'autorité des autres. Vous avez souvent tendance à suivre votre propre voie plutôt que d'obéir aux règles de quelqu'un d'autre. C'est le signe d'un esprit indépendant, d'une âme qui désire être son propre chef, comme Mardouk est le chef de son royaume. Mais, parfois, ce penchant peut vous conduire à vous heurter à ceux qui ne comprennent pas votre besoin de liberté et de contrôle.

De nature expansive, vous pouvez aussi vous retrouver à vouloir embrasser trop de projets à la fois, au risque de dissiper votre énergie. **L'ambition est une arme puissante, mais elle doit être utilisée à bon escient**. Jupiter vous donne la capacité de voir grand, d'avoir une vision d'ensemble, mais pour réaliser votre potentiel, il est essentiel que vous appreniez à vous concentrer sur ce qui compte vraiment, sur ce qui apporte de la valeur à votre vie et à celle des autres. L'expansion ne doit pas devenir une course sans fin ; parfois, le plus grand pouvoir réside dans la capacité à choisir et à lâcher prise.

Enfin, le chiffre 3, symbole de croissance et d'abondance, vous relie profondément au principe de manifestation. Grâce à votre esprit stratégique et à votre esprit d'entreprise, vous êtes capable d'**attirer ce que vous désirez** dans votre vie, de matérialiser vos visions grâce à votre détermination et à votre foi en votre chemin. Mais il est essentiel que cette capacité d'attraction soit utilisée consciemment. Se développer sans sagesse peut conduire à la dissipation, tandis que cultiver ses rêves avec discernement mène à l'épanouissement authentique.

Le message de Jupiter et de Marduk est clair : **grandissez, mais n'oubliez pas qui vous êtes**. Développez-vous, mais ne perdez jamais votre centre. Conquérez le monde, mais faites-le avec un cœur pur et des intentions sincères. Jupiter vous donne la force d'aller loin, d'explorer des territoires inconnus et de laisser une trace tangible, mais Mardouk vous invite à ne pas oublier la valeur de l'ordre et de l'harmonie.

Le chiffre 3 est donc un chemin de pouvoir et de sagesse, d'expansion et de responsabilité. **Vous êtes appelé à grandir, à conquérir, à éclairer**, mais aussi à trouver les moyens de rester fidèle à ce qui compte vraiment. C'est le défi et le cadeau du chiffre 3 : une grandeur qui ne connaît pas de limites, sauf celles que vous décidez de respecter. Sous l'influence de Jupiter et de Mardouk, vous possédez la force de créer votre propre destin, de façonner le monde avec votre vision et de laisser un héritage qui parle de vous même lorsque vous n'êtes plus là.

Numéro 4 chaldéen : L'influence d'Uranus et la bénédiction d'Anu

Le chiffre 4 dans la numérologie chaldéenne est profondément lié à la force rebelle et visionnaire d'Uranus, la planète de l'inattendu et du progrès, qui apporte avec elle le feu perturbateur du changement et de l'innovation. **Uranus est le seigneur des esprits libres**, une énergie qui ne se laisse jamais brider par des modèles fixes ou des règles imposées. Il est lié à la divinité chaldéenne **Anu**, le dieu du ciel, dont le royaume infini recèle des mystères et des possibilités inexplorés qu'aucun mortel n'ose contempler pleinement.

Les personnes influencées par le chiffre 4 incarnent la vision et le défi d'Anu. Vous avez une nature inhérente qui vous pousse à regarder au-delà de l'évidence, à vous aventurer dans des territoires que d'autres évitent ou ne voient pas. Vous êtes un esprit libre et novateur, porteur d'idées qui semblent sortir de nulle part, comme si vous receviez des messages d'un royaume invisible. Dans tous les domaines de votre vie, Uranus vous guide comme un vent impétueux, alimentant en vous un profond désir de vérité et d'originalité. Mais cette vision novatrice peut aussi vous séparer des autres. Les personnes portant le chiffre 4 sont souvent **incomprises, perçues comme différentes ou même étranges** en raison de leur tendance à défier les conventions. Votre singularité n'est pas toujours appréciée, mais c'est ce qui vous rend indispensable, un phare pour ceux qui sont prêts à embrasser de nouvelles perspectives.

Votre lien avec Anu, le dieu du ciel et de l'expansion illimitée, fait de vous une âme qui n'a pas peur de repousser les limites du connu. **Votre esprit rebelle vous met mal à l'aise pour ceux qui recherchent la sécurité et la stabilité**, mais c'est aussi ce qui vous donne ce charme mystérieux et irrésistible. En amour et dans les relations, vous avez tendance à attirer ceux qui sont fascinés par votre profondeur et votre singularité. **Vous n'êtes pas faite pour les**

amours superficielles ou conventionnelles : vous recherchez une connexion qui défie, enrichit et élargit votre propre vision du monde. Cependant, votre façon d'aimer peut effrayer ceux qui sont habitués à des formes d'affection plus courantes. Le numéro 4 exige un amour capable d'accueillir le chaos et l'inattendu, un partenaire qui comprend la beauté de ce qui est différent et qui sait comment marcher à vos côtés, sans essayer de changer votre essence.

L'énergie d'Uranus, à laquelle vous êtes si profondément attaché, vous pousse à **rechercher la vérité, toujours et partout**. Vous ne vous contentez pas de réponses simples et banales ; vous êtes prêt à creuser, à remettre en question, à démanteler de vieilles croyances pour parvenir à ce qui est authentique. Cette tendance peut vous amener à entrer en conflit avec ceux qui vous entourent, en particulier ceux qui tentent d'imposer un ordre rigide et limitatif. Vous êtes né pour ébranler les fondements de ce qui est statique, ce qui fait de vous une force de transformation. Il n'est pas rare que vous vous sentiez seul dans cette bataille, mais c'est là qu'Anu vous soutient : votre solitude est une flamme sacrée, un appel vers le ciel ouvert, vers ce qui est plus grand, plus libre.

Dans le domaine professionnel, votre capacité à sortir des sentiers battus est un don inestimable. **Vous avez une vision que peu de gens peuvent comprendre** et votre esprit est comme un laboratoire alchimique où naissent de nouvelles idées, solutions, inventions. Cependant, le chemin de ceux qui sont gouvernés par Uranus n'est jamais facile : vos idées dérangent souvent ceux qui sont attachés à des schémas rigides ou qui ne sont pas prêts à un changement radical.

Vous êtes le type de personne qui aime démanteler les systèmes traditionnels pour en construire de nouveaux, plus justes et plus authentiques, mais cela peut vous conduire à entrer en conflit avec les personnes au pouvoir qui préfèrent la stabilité au changement. Ce chemin, qui peut parfois sembler solitaire et hostile, est en fait votre vocation, votre destin.

L'influence d'Uranus fait de vous une figure de rupture, un pionnier. Cependant, votre lutte pour l'authenticité est fragile : le monde n'est pas toujours prêt à accepter ce qu'il ne comprend pas. Le chiffre 4 a le poids de celui qui voit plus loin, qui entrevoit des possibilités là où d'autres ne voient que des limites.

Cela vous confère une aura de mystère et peut vous amener à vous sentir incompris, voire rejeté par ceux qui n'acceptent pas votre façon de penser et d'être. Malgré tout, vous sentez au fond de vous que votre tâche est précisément d'être différent, d'être l'étincelle qui allume de nouvelles visions.

Dans le domaine de la croissance spirituelle, le chiffre 4 vous offre **la capacité de percevoir ce qui est caché, d'explorer des dimensions que d'autres évitent**. Uranus est la planète des vérités cachées, des révélations soudaines, ce qui vous rend particulièrement sensible aux messages venant des profondeurs de votre âme et de l'univers lui-même. Sous la direction d'Anu, le dieu du ciel, vous vous sentez appelé à explorer des mondes inconnus, à chercher des réponses là où peu de gens ont le courage d'aller. Votre spiritualité n'est pas conventionnelle, elle ne suit pas de chemins tout tracés ; c'est un voyage personnel et solitaire qui vous mène vers l'éveil de votre âme.

En amour, comme dans la vie, vous avez tendance à désirer un lien qui vous comprenne sans vous **forcer**, qui vous laisse libre d'explorer et de grandir. Le numéro 4 est attiré par les personnes qui ont une profondeur similaire, par celles qui sont capables d'accepter votre indépendance sans vous étouffer. Cependant, votre chemin amoureux n'est pas facile : vous êtes attiré par des personnes qui respectent votre singularité, mais trouver un équilibre entre le besoin de liberté et le désir de partage peut être un défi. Vous vous demandez souvent s'il existe vraiment quelqu'un qui peut vous aimer sans vouloir changer ce que vous êtes.

Le potentiel du chiffre 4 se manifeste lorsque vous acceptez pleinement votre singularité et que vous faites la paix avec votre nature anticonformiste. **Vous n'êtes pas né pour suivre la foule, et c'est là que réside votre véritable pouvoir**.

Anu vous guide vers une réalisation qui dépasse les frontières de la société, une compréhension de vous-même qui vous permet d'agir avec courage et détermination, quitte à être incompris. Tu es un rebelle de l'âme, et ta force réside précisément dans ta capacité à suivre ton cœur, même lorsqu'il t'éloigne du chemin commun.

Finalement, le message d'Uranus et d'Anu est le suivant : **embrassez votre destin d'innovateur, d'esprit libre, de porteur de nouvelles vérités**. Le chiffre 4 vous donne la capacité de changer le monde, mais pour cela il vous faudra accepter votre nature solitaire, l'appel incessant de l'inconnu.

Votre chemin n'est pas facile, mais il est plein de découvertes, de visions et de connexions profondes avec l'ensemble. Uranus vous apprend à ne pas avoir peur de rompre avec le passé, à regarder au-delà des apparences, à trouver la vérité cachée dans chaque situation.

Anu, le dieu du ciel infini, vous accompagne dans ce voyage, vous inspirant **à devenir un phare pour ceux qui sont prêts à voir la lumière**. Tu es destiné à laisser une empreinte, à apporter un changement, à élever ton âme vers les étoiles. Le chiffre 4 est votre sceau et votre guide, une invitation à découvrir que les chemins les moins fréquentés sont ceux qui mènent aux plus incroyables découvertes.

Numéro 5 chaldéen : L'influence de Mercure et la bénédiction de Nabu

Le chiffre 5, selon la numérologie chaldéenne, est sous la houlette fluide et irisée de Mercure, la planète de l'adaptabilité, du mouvement et de la communication. Mais pas seulement. Mercure est l'intermédiaire entre le monde des hommes et celui des dieux, et porte l'énergie vibrante de la divinité chaldéenne **Nabu**, le dieu de la sagesse et de l'échange d'idées. Nabu est celui qui sait danser entre les domaines du visible et de l'invisible, et **toi, lié au chiffre 5, tu es son reflet** sur cette terre. Comme lui, vous êtes un messager, un tisseur de liens qui circule avec agilité entre les personnes et les situations.

Votre essence est dynamique, insaisissable, tout comme le vent qui change de direction sans prévenir. Vous êtes une créature en perpétuel mouvement, un papillon social qui danse de fleur en fleur, accumulant les expériences, les sensations, les histoires. Il n'y a pas d'endroit où vous ne pouvez pas vous sentir à l'aise : vous avez le don de vous adapter et de vous transformer en fonction de votre environnement. Et si quelqu'un essaie de vous retenir ou d'emprisonner votre esprit libre, il se rend vite compte que c'est impossible. **Le numéro 5, c'est la liberté absolue** et aucune chaîne ne peut arrêter votre désir d'explorer.

Nabu, dieu de la sagesse et de l'écriture, vous incite à utiliser la parole comme outil de connexion et de découverte. **Tu es un communicateur né**. Vos mots savent atteindre le cœur des gens, créant des ponts entre des mondes et des visions différents. En amour comme dans la vie, cette capacité vous rend irrésistible aux yeux de ceux qui vous entourent. Vous êtes cette personne qui sait quoi dire et comment le dire, capable d'adapter le ton, le rythme et même l'essence de la conversation pour être à l'écoute de ceux qui sont en face de vous. **Avec le chiffre 5 à vos côtés, vous possédez le don d'empathie communicative**, un talent rare qui vous permet d'entrer dans le monde émotionnel des autres.

Pourtant, vous avez une facette plus profonde, que vous êtes peut-être le seul à connaître. Derrière votre apparence légère et votre désir incessant de mouvement, **se cache un besoin de stabilité et de sécurité** qui vous surprend parfois. Mercure, en tant que planète, ne peut rester longtemps immobile ; elle a besoin de courir, d'explorer, de se lancer dans de nouvelles aventures. Mais cette recherche constante de nouveauté peut vous rendre agité, et vous pouvez avoir envie d'un refuge, d'un endroit où vous reposer et trouver la paix. C'est peut-être pourquoi, tout en aspirant à l'indépendance, vous ressentez aussi le besoin d'un amour qui sache vous accueillir et vous donner de la stabilité sans vous emprisonner.

En amour, vous êtes attiré par ceux qui peuvent accepter votre côté libre et indépendant. Les amoureux du chiffre 5 savent qu'ils doivent être prêts à courir à vos côtés, à ne pas vous retenir, à vous laisser la place d'être qui vous êtes. Pour vous, les relations doivent être une danse légère, un échange continu, sans rigidité ni limites. Vous avez besoin de quelqu'un qui comprenne que votre cœur est comme un ciel qui change de couleur à chaque heure de la journée. La stabilité, pour vous, n'est pas une cage, mais plutôt un espace sûr dans lequel vous pouvez retourner lorsque vous êtes prêt à vous arrêter.

Le chiffre 5 porte en lui l'énergie du changement et de la transformation. Comme Nabu, vous vous déplacez entre différentes réalités, passant d'une expérience à l'autre sans crainte. Cela fait de vous une personne extrêmement polyvalente : vous êtes capable de tirer le meilleur parti de chaque situation, de voir des possibilités là où d'autres voient des limites. **Vous êtes un visionnaire en constante évolution**, toujours prêt à accueillir la nouveauté, à apprendre quelque chose de différent, à expérimenter. Rien ne vous arrête, car vous savez que chaque expérience, positive ou négative, vous enrichit et vous rapproche d'une plus grande vérité.

Dans le domaine professionnel, cette capacité d'adaptation est un don précieux. **Vous ne vous limitez jamais à une seule perspective**. Alors que d'autres suivent une route déjà tracée, vous créez votre propre chemin, en explorant des voies que personne d'autre n'avait remarquées. Votre esprit est un univers en expansion, toujours à la recherche de nouveaux stimuli, de nouvelles idées, de nouveaux horizons. Cela fait de vous une personne spéciale, capable d'apporter innovation et fraîcheur dans n'importe quel domaine. Vous avez une aptitude naturelle pour les emplois qui requièrent créativité et flexibilité, tels que l'art, la communication, le marketing, ou toute autre activité dans laquelle vous pouvez exprimer votre vivacité d'esprit et votre intelligence brillante.

Cependant, tout comme Mercure, vous devez veiller à ne pas gaspiller votre énergie. **Votre soif de nouveauté, de découverte, de liberté peut parfois vous faire perdre le fil**. Vous pouvez vous retrouver à sauter d'un projet à l'autre, d'une idée à l'autre, sans pouvoir achever ce que vous aviez commencé. C'est l'un des défis du numéro 5 : apprendre à trouver un équilibre entre le désir d'explorer et le besoin de s'arrêter, de s'ancrer. Nabu vous apprend que le véritable pouvoir ne réside pas seulement dans l'agitation, mais aussi dans la capacité à écouter le silence, à savourer les moments de pause.

Sur le plan spirituel, le chiffre 5 vous invite à explorer des dimensions qui vont au-delà de la surface. **Votre âme est curieuse, toujours à la recherche de réponses, de vérités cachées**. Vous ne vous contentez jamais d'explications conventionnelles : vous sentez qu'il y a toujours quelque chose de plus, un mystère à dévoiler, un message à déchiffrer. Mercure, comme Nabu, est le dieu des messages, le passeur entre le visible et l'invisible, et cette qualité se reflète dans votre nature. Vous êtes enclin à explorer le monde de l'intuition, de la spiritualité, des dimensions subtiles. Le chiffre 5 vous incite à rechercher la vérité en toute chose, à ne jamais vous arrêter aux premières impressions.

En amour, comme dans la vie, vous recherchez une connexion profonde mais libre. Votre partenaire idéal est quelqu'un qui vous comprend et qui peut danser avec vous, sans essayer de vous retenir ou de limiter votre esprit. Vous souhaitez une relation qui s'apparente à un dialogue sans fin, à une découverte continue. Votre âme est toujours en mouvement, et vous avez besoin de quelqu'un qui sache apprécier ce côté de vous, sans craindre de vous perdre. **L'amoureux du 5 doit être prêt à partager votre aventure**, à accueillir vos changements, à respecter votre besoin de liberté.

Le message de Mercure et de Nabu est clair : **suivez votre curiosité, écoutez l'appel du changement, mais n'oubliez pas de trouver un point d'équilibre**. Le chiffre 5 est un chiffre de transformation, de mouvement, d'exploration, mais aussi de sagesse. Votre défi est d'apprendre à combiner votre nature en constante évolution avec une base stable, un point fixe auquel vous pouvez revenir lorsque vous ressentez le besoin de vous retrouver.

En définitive, le chiffre 5 est le chiffre des âmes voyageuses, de ceux qui n'ont pas peur d'explorer, de ceux qui sont toujours à la recherche de nouvelles aventures. Mercure vous guide avec son énergie vive et intelligente, et Nabu vous incite à rechercher la sagesse dans chaque expérience, à faire de chaque rencontre une leçon. Ton chemin est unique, différent, plein de découvertes. Ton chemin ne sera jamais ennuyeux, et même si tu changes souvent de direction, tu sauras toujours te retrouver.

Accueillez votre essence, votre désir de liberté et continuez à explorer le monde avec la curiosité de celui qui sait que chaque expérience apporte une vérité. Le chiffre 5 est votre sceau, votre invitation à découvrir le monde avec un regard neuf, à danser parmi les possibilités, à laisser chaque rencontre, chaque lieu, chaque moment faire partie de votre voyage.

Numéro 6 chaldéen : L'influence de Vénus et la bénédiction d'Ishtar

Le chiffre 6 de la numérologie chaldéenne vibre sous le charme et l'influence de Vénus, l'astre de la beauté et de la sensualité, la planète qui, par sa splendeur, semble vous murmurer à l'oreille des promesses d'harmonie, de plaisir et d'attirance. Cette énergie vénérienne n'est pas fortuite ; elle contient le lien avec la divinité chaldéenne **Ishtar**, déesse de l'amour et de la guerre, du désir et de la fertilité, une force qui sait rendre le chiffre 6 irrésistible. Ishtar était connue pour sa capacité à envoûter et à conquérir tous ceux qu'elle rencontrait, et les personnes liées à ce nombre portent souvent en elles ce **charme magnétique** qui semble émaner naturellement.

Si votre chiffre est le 6, vous savez ce que c'est que d'entrer dans une pièce et d'attirer l'attention sans même prononcer un mot. Vous avez une présence qui passe difficilement inaperçue : les autres semblent attirés par votre aura comme par une musique secrète, quelque chose qui touche l'âme et fait vibrer les accords les plus subtils. C'est votre don, le pouvoir de fasciner, d'apporter équilibre et beauté, d'adoucir et d'harmoniser. Il ne s'agit pas d'un simple caprice des étoiles, mais d'une énergie ancienne qui vous rend apte à créer des connexions **qui touchent le cœur** et des liens qui vont au-delà du superficiel.

Être un numéro 6, c'est aussi posséder un sens inné de la beauté et de la grâce. Cette sensibilité se manifeste sous de nombreuses formes : de votre amour des arts à votre capacité à apprécier les détails esthétiques, en passant par votre inclination naturelle à vous entourer d'objets qui vous font vous sentir en sécurité et en paix. Vénus, en vous, c'est un **désir de sérénité et de refuge**, mais aussi de passion et de conquête. Sur le plan romantique, vous avez une incroyable capacité à vous donner à l'autre avec dévouement et attention, mais en même temps vous arrivez à vous faire désirer, en restant un peu mystérieuse, enveloppée d'un charme que vous ne saisissez pas complètement. Vous aimez, mais votre amour doit respecter votre besoin de beauté et d'harmonie.

Ishtar n'est pas seulement la déesse de l'amour, mais aussi celle de la guerre. Cette dualité vous traverse : vous pouvez être douce, aimante, un havre de paix pour ceux que vous aimez, mais en même temps vous pouvez être déterminée et même implacable s'il le faut. Lorsque quelqu'un tente de troubler votre sérénité ou menace ce qui vous tient à cœur, vous savez faire preuve d'une force surprenante, une force qui rappelle la nature guerrière d'Ishtar.

Ce côté sombre, puissant et protecteur est le secret qui vous rend fascinant, car peu de gens soupçonnent que derrière votre douceur se cache une force décisive.

Dans le monde social, votre magnétisme naturel vous rend charismatique. Les gens sont attirés par votre façon d'être, votre capacité à équilibrer passion et douceur, charme et stabilité.

Vous savez utiliser les mots comme des flèches délicates pour influencer les autres sans jamais être agressif. Vous avez une capacité unique à mettre à l'aise ceux qui vous entourent, à faire ressortir le meilleur des autres par votre seule présence. Mais vous savez aussi, et c'est là le plus intriguant, **orienter votre charme vers vos objectifs**, comme si vous aviez une boussole intérieure pour vous guider, un désir de réaliser ce que vous entreprenez avec grâce, sans jamais perdre le contrôle.

Et c'est là que l'aspect le plus difficile du chiffre 6 entre en jeu. **Cette même capacité d'attraction peut se transformer en manipulation**. Vous êtes habile à faire voir aux autres ce que vous voulez qu'ils voient, à guider leurs émotions et leurs réactions pour parvenir à vos fins. Vous avez en vous une profonde intuition, une compréhension subtile des dynamiques émotionnelles et psychologiques, un don qui, s'il n'est pas utilisé avec équilibre, peut vous conduire à utiliser votre pouvoir de manière égoïste. Ce côté du chiffre 6 te met en garde contre la tentation d'obtenir ce que tu veux en exploitant les faiblesses des autres. Ishtar, après tout, est aussi la déesse de la passion impétueuse, et la frontière entre le désir d'harmonie et la manipulation peut être subtile.

Aimer un numéro 6, c'est entrer dans un monde de contrastes : passion et calme, douceur et force. Celui qui tombe amoureux de vous ne peut que se sentir envoûté, mais il doit en même temps relever le défi de conquérir son cœur jour après jour. Vous ne vous contentez pas de superficialité, et un amour tiède n'est pas ce que vous recherchez. Ceux qui veulent vous côtoyer doivent vous prouver qu'ils méritent votre affection, qu'ils comprennent votre essence. Pourtant, vous aussi, vous ressentez parfois le besoin de quelqu'un qui puisse vous pénétrer profondément, qui puisse voir au-delà du charme apparent et embrasser toutes les facettes de votre personnalité, même celles que vous avez du mal à comprendre.

Le chiffre 6 fait de vous **un compagnon, un confident, mais aussi un guide** pour ceux qui recherchent la beauté dans la vie. Vous avez le don de transformer les environnements, d'instiller l'harmonie partout où vous allez. Vous êtes souvent la personne vers laquelle les autres se tournent dans les moments difficiles, car vous dégagez une tranquillité qui a le pouvoir de rassurer, de faire en sorte que ceux qui vous entourent se sentent protégés.

Et vous, au fond, vous aimez être cette figure de référence, ce **centre de gravité affectueux et rassurant** pour ceux qui vous sont chers.

Cependant, vous devez veiller à ne pas trop vous sacrifier pour le bien-être des autres. Le chiffre 6, avec son appel à la beauté et à la sérénité, peut vous pousser à faire passer les besoins des autres avant les vôtres, à sacrifier votre propre équilibre pour protéger ceux que vous aimez. Mais Vénus vous apprend que l'amour le plus authentique ne vient pas du renoncement, mais de l'équilibre.

Vous devez apprendre à dire non lorsque vous sentez que quelqu'un pourrait profiter de votre bonté, et à vous rappeler que votre cœur mérite lui aussi attention, soin et respect.

D'un point de vue professionnel, le chiffre 6 fait de vous une personne exceptionnellement **créative et diplomate**.

Vous êtes attiré par les professions qui vous permettent d'exprimer votre sens esthétique, comme le design, l'art, la mode ou la décoration d'intérieur. Cependant, même dans les affaires ou les professions plus traditionnelles, vous savez utiliser votre charme pour créer des synergies, pour faire du travail un environnement plus agréable et plus harmonieux. Votre influence se fait sentir même sans fanfare, apportant des changements positifs et un sens de la beauté à des situations qui semblaient arides.

En résumé, le chiffre 6 est un hymne à la beauté, à l'amour et à la protection. Il vous apprend que la vie peut être un espace de douceur, de sérénité et d'équilibre, mais vous avertit également de ne pas oublier votre force intérieure. Ishtar, avec sa double nature, vous rappelle que le pouvoir de l'amour n'est réel que lorsqu'il s'accompagne d'une prise de conscience de vos limites, de votre intégrité et de votre valeur. **Embrassez votre nature vénérienne, laissez votre charme et votre douceur toucher les autres, mais ne sacrifiez jamais votre essence.**

En fin de compte, votre voyage est un voyage à la découverte du véritable amour : celui qui naît non pas de la dépendance ou de la peur, mais de la force et de la liberté.

Numéro 7 chaldéen : L'influence de Neptune et la bénédiction d'Ea

Le chiffre chaldéen 7 est enveloppé par l'attrait de Neptune, la planète des profondeurs invisibles et de la sagesse cachée, une influence qui rend ce chiffre particulièrement mystérieux. **Si vous ressentez l'appel du 7, c'est que vous êtes en phase avec l'énergie des eaux éternelles**, qui coulent silencieusement, invisibles, mais jamais inertes. Dirigé par la divinité Ea, dieu babylonien des eaux et de la sagesse occulte, le chiffre 7 porte en lui la curiosité du mystique, la soif de réponses que personne n'ose chercher et la perception subtile de ce qui se cache entre les plis de la réalité.

Être un numéro 7 signifie percevoir le monde à travers un filtre spécial : un voile qui laisse transparaître le visible mais ne peut dissimuler l'invisible. Vous êtes le genre de personne qui ne se contente jamais de réponses simples, car vous sentez qu'il y a toujours quelque chose de plus. Un mystère caché dans les mots des autres, un secret qui attend d'être révélé dans les gestes, un message dans l'ombre des non-dits. Comme Neptune et comme Ea, vous vous déplacez avec grâce dans le monde des archétypes, des émotions et des symboles, et vous le faites avec un naturel qui peut sembler incompréhensible aux autres.

Le 7 est le chiffre de l'introspection, de la retraite et de la solitude sacrée. **Vous ne craignez pas la solitude ; au contraire, vous en faites votre sanctuaire, l'endroit où vous pouvez percer les mystères de votre monde intérieur**. Si vous êtes un numéro 7, vous vous retrouvez probablement souvent à réfléchir longuement sur ce que vous voyez et entendez, à creuser sous la surface des événements et des mots. Cette profondeur fait parfois de vous un personnage énigmatique aux yeux des autres, une personne qui peut sembler difficile à comprendre mais qui, en réalité, possède une sensibilité hors du commun.

L'intuition est votre don secret, la boussole qui vous guide à travers les courants invisibles de la vie. Vous pouvez percevoir les émotions des autres, même lorsqu'ils essaient de les masquer. Vous pouvez sentir les intentions cachées et souvent sentir une vérité émerger bien avant qu'elle ne se manifeste dans le monde matériel. Neptune vous a donné la capacité de voir au-delà des apparences, et votre cœur et votre esprit peuvent saisir les détails les plus fins. Cette intuition n'est pas un simple sentiment, mais une véritable vision, comme un éclair qui vous révèle ce qui se cache derrière les masques de la réalité.

Mais cette sensibilité a un prix. **Votre chemin est souvent marqué par le défi de comprendre ce qui est réel et ce qui est illusoire**. Neptune, la planète des rêves et des visions, vous invite à explorer les frontières entre le réel et le faux, le tangible et l'éthéré. Cela signifie que vous pouvez vous retrouver à hésiter, à douter de ce que vous percevez, à vous demander si vos intuitions sont vraies ou si elles sont le fruit d'une imagination débordante. Le 7 vous confronte à ce test, vous poussant à développer une sagesse solide, une confiance en soi que seuls le temps et l'expérience peuvent apporter.

Être un numéro 7, c'est aussi se sentir attiré par tout ce qui est mystérieux et occulte. Vous êtes attiré par ce que les autres évitent ou considèrent comme interdit : les **pratiques ésotériques, les disciplines spirituelles, le monde de l'inconscient et des rêves**. Neptune, avec sa force magnétique, vous guide pour explorer votre psyché, déchiffrer les messages de l'inconscient et pénétrer les domaines de la spiritualité la plus profonde. Vous n'êtes pas du genre à vous arrêter à la surface des choses : vous voulez connaître les racines, vous voulez aller au cœur du mystère, quel qu'il soit. Ea, le dieu des profondeurs marines, éveille en vous une faim de savoir sacré, de sagesse oubliée. **Votre lien avec la spiritualité est unique, profond et souvent solitaire**. Si vous êtes un numéro 7, vous avez probablement l'impression que votre chemin de vie n'est pas tout à fait conventionnel. Peut-être avez-vous toujours ressenti une légère distance entre vous et les autres, comme si vous perceviez la vie sur une fréquence différente. Ce détachement n'est pas un manque d'amour ou d'empathie, mais une forme de protection, une manière de garder votre monde intérieur si précieux et délicat. Le 7 te demande de respecter ton unicité, d'accepter que ton chemin spirituel soit différent de celui des autres, et que ta tâche consiste à rechercher et à préserver la vérité que tu as découverte en toi.

Cependant, **cette recherche de vérité et de profondeur peut aussi vous conduire à une forme d'isolement**. Votre vision de la vie, plus sensible et plus attentive que le commun des mortels, vous amène à ressentir des émotions intenses, ce qui peut rendre difficile le partage de votre monde avec ceux qui ne peuvent pas vous comprendre pleinement. Vous vous sentez parfois seul, incompris, comme suspendu entre deux mondes : le visible et l'invisible. Cette solitude n'est pourtant pas dénuée de sens. Elle est le terreau fertile dans lequel le 7e plantera les graines de votre sagesse intérieure, de votre capacité à vous comprendre et à comprendre les autres avec une profondeur que seuls quelques uns peuvent atteindre. Sur le plan pratique, le chiffre 7 fait de vous une personne qui recherche la connaissance sous toutes ses formes.

Vous êtes attiré par les études, l'art, la philosophie, la science et la spiritualité. Vous aimez observer, écouter et recueillir des informations, et votre approche de la vie est similaire à celle d'un explorateur : vous vous immergez dans tout ce qui peut offrir une réponse ou une nouvelle perspective. **Vous vous intéressez à tout ce qui peut nourrir votre âme, à tout ce qui a un sens profond**. Même si votre nature vous pousse à l'isolement, c'est dans cette retraite que vous trouvez votre nourriture spirituelle. Sur le plan sentimental, cependant, la vie d'un numéro 7 peut être complexe. **Votre cœur est profond, mystérieux, et aspire à un amour tout aussi authentique et intense**. Les relations superficielles ne vous intéressent pas, vous préférez la vérité, même si elle fait mal, à l'illusion douce-amère d'un amour sans substance. Cependant, vous rencontrez souvent des personnes qui ne sont pas prêtes à descendre dans la même profondeur émotionnelle que celle qui vous est naturelle, et cela peut vous laisser un sentiment de vide, de déception. Vous recherchez une âme sœur, quelqu'un qui peut vous regarder dans les yeux et voir au-delà, quelqu'un qui peut apprécier votre nature complexe sans essayer de la changer ou de la limiter.

Dans une relation, votre besoin d'introspection peut être perçu comme une distance, mais ceux qui vous aiment vraiment comprendront que c'est votre façon de vous retrouver.

Vous ne demandez pas à ceux qui vous aiment de combler vos lacunes, car vous savez que vous seul pouvez le faire. Mais demandez de la compréhension, demandez de la patience et, surtout, demandez le respect de votre besoin de silence et d'espace personnel. Si tu trouves quelqu'un qui respecte ce besoin, tu pourras donner un amour qui va au-delà des mots, un amour qui creuse en profondeur et qui transforme.

Enfin, le numéro 7 vous enseigne la valeur de l'authenticité et de la cohérence intérieure.

Vous n'avez pas envie de vous conformer aux autres ou de suivre un chemin que vous ne sentez pas être le vôtre. Vous êtes ici pour chercher votre vérité, pour construire votre vision du monde et pour honorer votre âme dans toute sa complexité. Neptune vous guide, et avec lui Ea, le dieu des eaux profondes, vous invite à ne pas avoir peur de vous plonger dans vos émotions, vos rêves et votre intuition. Il vous invite à explorer tous les aspects de votre existence, sans craindre de perdre le contact avec la réalité, car ce n'est qu'ainsi que vous pourrez trouver votre véritable essence.

Le chiffre 7 est donc une invitation à **suivre son cœur, à explorer sans crainte le mystère de l'âme**. C'est la promesse que même si votre chemin est solitaire, il est riche de sens et de précieuses révélations. Votre voyage est celui d'une exploratrice de l'esprit, d'une chercheuse qui ne s'arrête jamais, parce qu'elle sait que le vrai trésor est caché au plus profond d'elle-même, et que sa lumière est destinée à briller, même si ce n'est que pour une poignée d'élus.

Numéro 8 chaldéen : L'influence de Saturne et la bénédiction de Ninurta

Le chiffre 8 chaldéen est enveloppé du charme austère et puissant de Saturne, le seigneur de la structure, de la discipline et de la sagesse acquise par l'expérience. Dirigé par la divinité chaldéenne Ninurta, le dieu de la justice et des actes audacieux, le chiffre 8 incarne l'essence de la détermination, de la persévérance et de l'autorité. Les personnes marquées par ce chiffre ne marchent pas sur des chemins faciles, mais ressentent l'appel de lourdes tâches et de grandes responsabilités. **Être un 8, c'est accepter un destin fait d'épreuves**, de défis qui forgent le caractère et d'objectifs qui, s'ils sont atteints, peuvent laisser une trace indélébile dans le monde.

L'influence de Saturne transforme le 8 en un bâtisseur, un architecte aux fondations solides, qui sait que pour élever quelque chose de durable, il faut partir des racines. Les personnes liées à ce chiffre sont souvent celles qui assument les responsabilités que d'autres fuient. Elles savent ce que signifie se sacrifier pour une cause, un projet, un objectif, et s'y consacrent avec une détermination inébranlable. Il ne s'agit pas seulement d'ambition, mais d'un sens profond du **devoir envers soi-même et envers son chemin**. Être un 8, c'est comprendre que la vraie force vient du dépassement de ses limites, du dépassement de ses peurs et de la construction de quelque chose de tangible, de réel.

Le chiffre 8 exerce un attrait magnétique, **une force qui n'a pas besoin d'être étalée, car elle est enracinée dans un profond sens de l'intégrité**. Les personnes marquées par ce chiffre ne recherchent pas l'approbation ou les applaudissements, car leur satisfaction réside dans l'accomplissement de leur tâche, et non dans les accolades. Saturne leur apprend que le vrai pouvoir n'est pas bruyant, mais calme et persistant, un feu qui brûle lentement, mais ne s'éteint jamais. C'est cette persévérance qui fait du numéro 8 un leader naturel, quelqu'un que les autres admirent et respectent, mais souvent à distance, intimidés par l'intensité de son aura.

Les personnes qui résonnent avec l'énergie du 8 savent que **chaque pas en avant se mérite par un travail acharné**, que rien n'est donné gratuitement dans la vie et que les vraies réussites exigent des sacrifices. Souvent, ces personnes sont confrontées à des défis qui semblent injustes ou disproportionnés, presque comme si le destin lui-même les mettait à l'épreuve. Mais c'est précisément le cadeau secret de Saturne : les épreuves ne sont pas destinées à décourager, mais à fortifier, à forger une âme capable d'endurance et de triomphe. **Ninurta**, divinité chaldéenne de Saturne, symbolise cette énergie de lutte et de résistance : c'est le dieu qui descend sur les champs de bataille et en revient victorieux, un exemple de ténacité pour tous ceux qui se sentent attirés par le chiffre 8.

Le chiffre 8 représente donc un équilibre entre l'autorité et la responsabilité. **Être un 8, c'est incarner le principe d'autorité, non pas pour dominer, mais pour diriger, non pas pour contrôler, mais pour construire**. Ceux qui appartiennent à cette énergie comprennent que le véritable leader est celui qui assume le poids des décisions, qui est prêt à aller de l'avant quand les autres hésitent, et qui sait garder son calme dans les tempêtes les plus turbulentes. Les personnes influencées par le 8 sont comme des rochers : stables, immuables, capables de résister aux vents et aux tempêtes sans vaciller.

En amour, le chemin des personnes marquées par le chiffre 8 n'est pas facile. **Leur cœur est aussi discipliné que leur esprit** et ils ne s'ouvrent pas facilement aux émotions. Ils sont prudents, réservés, et se trouvent souvent pris entre le désir de connexion et la peur de perdre le contrôle. Ceux qui aiment un 8 doivent être patients, respecter leur temps et comprendre que chaque ouverture est un acte de confiance mérité, un cadeau qui exige réciprocité et loyauté. Les 8 n'aiment pas les relations superficielles ; ils préfèrent la stabilité, l'engagement et recherchent quelqu'un avec qui ils peuvent construire un lien solide et profond.

Mais **Saturne a toujours un** prix, et son prix est la patience, la tolérance, la capacité à supporter des moments d'isolement et d'introspection. Le 8 n'est pas à l'abri de la solitude ; en effet, la solitude est souvent son sanctuaire, le lieu où il se ressource, où il réfléchit à ses actions et se reconnecte à son but. Ceux qui ont le 8 comme chiffre directeur se sentent poussés à s'améliorer, à atteindre leur version la plus élevée, et savent que pour ce faire, ils doivent se confronter à eux-mêmes, affronter leurs ombres et accepter leurs fragilités.

Le chiffre 8 est également un symbole de **stabilité matérielle et d'abondance**. Ces personnes sont souvent attirées par la réussite professionnelle et financière, non par simple ambition, mais parce qu'elles voient dans la prospérité une forme de sécurité et de liberté. La discipline de Saturne les guide dans cette direction, en leur apprenant que chaque ressource accumulée doit être utilisée à bon escient, que chaque gain est le fruit d'un travail assidu et minutieux. Cependant, ce désir de stabilité peut aussi se transformer en piège, car la peur de perdre ce qui a été construit peut générer de l'anxiété et de la peur du changement.

Être un 8, c'est enfin accepter que sa vie soit un **voyage de transformation continue**, où chaque obstacle est une occasion de grandir et de se renforcer. L'autorité du 8 n'est jamais acquise, elle se mérite jour après jour, par des choix réfléchis et des actions cohérentes. La réussite d'un 8 n'est pas un événement fortuit, mais le résultat d'une persévérance inébranlable, d'une capacité à durer même lorsque tout semble aller contre soi.

Saturne, avec son énergie sévère et inflexible, enseigne au chiffre 8 que **le véritable pouvoir réside dans la résilience**. Le 8 apprend à se maîtriser, à gouverner ses émotions et à discipliner son esprit, non par égoïsme, mais par désir d'être une force stable et fiable pour ceux qu'il aime. Ninurta les inspire à devenir les guerriers de leur propre vie, à mener leurs batailles intérieures et à ne jamais abandonner leur propre chemin, aussi difficile ou incertain qu'il puisse être.

Pour ceux qui résonnent avec le 8, la clé de leur destin est de comprendre que chaque défi est une épreuve, chaque défaite une leçon et chaque victoire un pas vers un plus grand épanouissement. Leur mission est d'apprendre à se faire confiance, à construire sans relâche et à utiliser leur pouvoir avec sagesse et compassion. **Être un 8, c'est trouver un équilibre entre l'ambition et l'humilité**, entre la force et la vulnérabilité, entre l'autorité extérieure et la paix intérieure.

En fin de compte, le chiffre 8 représente un voyage qui mène à la connaissance de soi, un voyage où la vraie richesse est intérieure et où la vraie victoire est la capacité de rester fidèle à qui l'on est, sans compromis. Ainsi, sous la direction de Saturne et de Ninurta, le 8 va de l'avant, conscient que chaque obstacle le rend plus fort, chaque erreur plus sage et que chaque pas, aussi difficile soit-il, le rapproche toujours plus de sa véritable essence.

Numéro 9 chaldéen : l'influence de Mars et la bénédiction de Nergal

Le nombre chaldéen 9, illuminé par la force impétueuse de Mars, est la vibration des guerriers et des âmes qui se battent pour la justice. Ce nombre résonne avec le courage, l'intégrité et une énergie infatigable qui pousse ceux qu'il touche à considérer la vie comme un défi à relever, une mission à accomplir. **Être un 9, c'est incarner le courage de celui qui n'a pas peur de la confrontation**, qui ne recule pas quand il s'agit de dire la vérité ou de prendre position pour ce qui est juste. Celui qui a le 9 comme chiffre directeur évolue entre la passion et la volonté, entre l'impulsion d'agir et le désir de protéger.

Mars, planète du feu et de la guerre, a une influence profonde sur cette question. Et avec Mars, il y a aussi **Nergal**, le dieu chaldéen de la destruction et de la renaissance, la divinité qui guide les guerriers sur le chemin de la vie et dans leur lutte contre leurs propres ombres. Cette combinaison fait du chiffre 9 une force extraordinaire, capable de transformer la réalité de ses propres mains. Il n'y a pas de place pour la médiocrité : le chiffre 9 vit intensément, animé par une flamme intérieure qui brûle indomptablement.

L'énergie du chiffre 9 est audacieuse, toujours prête à repousser les limites, à tester les frontières du possible. **La vie d'un 9 est un test constant de caractère** : il est appelé à emprunter des chemins difficiles, à se battre pour ses idéaux et à rester fidèle à ce qu'il estime être vrai et juste. Les personnes nées sous cette vibration possèdent une volonté d'acier et une détermination qui les rendent capables de surmonter les défis les plus difficiles. Ils ne se contentent pas d'un rôle passif, mais cherchent toujours à être des protagonistes, à laisser leur marque.

Pour ceux qui ressentent l'influence des neuf, la **justice n'est pas seulement un idéal abstrait, mais une mission personnelle**. Ce sont des personnes qui aiment les combats justes, qui n'ont pas peur d'élever la voix contre l'injustice. Au contraire, ils puisent leur énergie dans la lutte elle-même, comme si chaque obstacle était une poussée vers leur propre évolution. Nergal, la divinité associée à Mars, représente la volonté de se transformer et de se dépasser : c'est le dieu qui détruit pour régénérer, qui creuse profondément pour faire émerger la vérité.

La présence du 9 dans une vie implique un voyage de défis et de renaissance. **Ces personnes n'ont pas peur de rompre avec le passé**, de détruire ce qui ne résonne plus avec leur essence et de reconstruire sur une base plus authentique. Ils sont prêts à brûler les ponts avec le passé pour aller de l'avant, poussés par une soif de vérité et d'authenticité que l'on ne peut ignorer. Cet appel à la transformation continue est l'une des caractéristiques les plus puissantes du chiffre 9 : ceux qui le portent savent que rien n'est permanent, que la vie est un flux incessant de changements.

En amour, le chiffre 9 peut être une force écrasante. Les personnes qui résonnent avec cette énergie aiment intensément, sans réserve, et se donnent souvent entièrement à leur partenaire. Cependant, leur nature impulsive et passionnée peut les rendre difficiles à comprendre et à gérer. Ils ne tolèrent pas les demi-mesures, ni en amour ni en amitié. S'ils aiment, ils le font de tout leur cœur ; s'ils se détournent, c'est qu'ils ont perçu un manque de sincérité ou de respect. Les 9 ont besoin d'un partenaire qui sache accueillir leur nature intense et passionnée, et qui soit prêt à les soutenir dans les défis de la vie.

La leçon du numéro 9 est, en fait, **d'apprendre à équilibrer la force et la compassion**. Mars enseigne à se battre, à ne jamais abandonner, mais exige en même temps du guerrier qu'il développe une profonde sensibilité à l'égard de l'humanité. Le vrai 9 n'est pas seulement un combattant, mais un défenseur de la vérité, un paladin qui sait comment le pouvoir de la justice peut changer des vies, en apportant la lumière là où il n'y avait que l'obscurité. Cet aspect compassionnel est un cadeau précieux pour ceux qui portent l'énergie du chiffre 9, car il leur permet d'équilibrer leur détermination avec une profonde empathie pour les autres.

Nergal, comme Mars, incarne le côté sombre et lumineux du chiffre 9. **Il n'est pas seulement le dieu de la guerre, mais aussi celui de la guérison par la destruction**. Pour le nombre 9, cette dualité est fondamentale : apprendre à utiliser sa force non seulement pour soi, mais aussi pour créer un impact positif dans le monde. Les personnes qui vivent sous l'influence de ce nombre se retrouvent souvent dans des rôles qui exigent un grand sens des responsabilités et de l'intégrité : dirigeants, avocats, activistes, enseignants. Tout domaine qui leur permet de mettre leur énergie au service des autres est un espace naturel dans lequel ils s'épanouissent.

Le chiffre 9 est aussi un symbole du karma, un rappel à suivre son chemin sans craindre les conséquences, conscient que chaque action laisse une empreinte. Pour ceux qui sont marqués par cette vibration, le concept de karma n'est pas seulement une loi cosmique, mais un guide moral qui les incite à vivre de manière authentique, à être fidèles à leur parole et à rester fermes dans leurs valeurs. Le 9 sait que ce que l'on donne au monde reviendra, c'est pourquoi il s'efforce toujours d'agir avec droiture, même lorsque les circonstances semblent jouer contre lui.

L'essence du 9 est une flamme qui brûle et transforme. **C'est la force du guerrier spirituel**, qui ne se bat pas pour lui-même, mais pour une cause plus grande, qui va au-delà de l'ego et du besoin de reconnaissance. Les personnes qui incarnent le chiffre 9 se sentent appelées à agir pour le bien collectif, à défendre les plus faibles, à se battre pour ceux qui ne peuvent pas se défendre eux-mêmes. Enfin, l'énergie du chiffre 9 est un voyage de découverte intérieure, un défi permanent qui amène ceux qu'elle touche à découvrir leurs propres profondeurs et à affronter leurs propres ombres. Le chiffre 9 enseigne que **la véritable force n'est pas seulement physique, mais avant tout spirituelle**. Le guerrier du chiffre 9 est celui qui sait que le courage n'est pas l'absence de peur, mais la capacité d'aller de l'avant malgré la peur. C'est une énergie qui demande de lâcher prise, de sacrifier l'ego pour un but plus élevé, et d'être prêt à renaître chaque fois que la vie l'exige.

Sous l'influence de Mars et de Nergal, le chiffre 9 devient une force motrice qui défie les limites, poussant vers l'inconnu avec un cœur ferme et un esprit clair. Son chemin est fait de défis, d'affrontements et de victoires, mais aussi de moments d'introspection et de paix retrouvée. Être un 9, c'est vivre intensément, c'est regarder la vie avec des yeux audacieux, sans jamais s'incliner, mais en étant toujours prêt à se relever. Leur destin est celui de guerriers, de chercheurs de vérité, d'esprits libres qui trouvent leur vraie grandeur dans l'équilibre entre la force et la compassion.

CALCULS NUMÉRIQUES AVEC LE SYSTÈME CHALDÉEN

L'un des plus grands défis, lorsque l'on s'engage sur la voie de la numérologie chaldéenne, est de **comprendre le langage secret des nombres**. Peut-être avez-vous déjà commencé à explorer ce monde fascinant, mais vous vous êtes senti confus, perdu dans les calculs et les formules, incapable de saisir le véritable pouvoir que les nombres peuvent avoir sur votre vie. De nombreux étudiants novices se trouvent dans cette situation. La numérologie chaldéenne n'est pas seulement un système de comptage, c'est un langage astral, un code qui relie les nombres aux énergies cosmiques, aux mondes invisibles, à votre essence même. Mais comment interpréter un système aussi complexe ? **Comment donner un sens aux nombres** si vous ne connaissez pas leur esprit profond, leur signification astrale ? Et comment pourraient-ils vous guider si vous ne savez pas encore ce que vous cherchez vraiment ?

Il est facile de tomber dans l'erreur de se concentrer uniquement sur les calculs, les sommes, les techniques qui permettent d'appliquer le système numérologique, en oubliant que chaque nombre porte en lui une vibration qui doit être ressentie et comprise avant d'être mesurée. Beaucoup de "fuffa gurus" qui affluent dans ce domaine s'arrêtent aux nombres comme s'il s'agissait de simples outils de calcul, en ignorant la dimension spirituelle. Mais que peut vous apporter un chiffre si vous n'en connaissez pas la signification profonde ? **Comment déchiffrer son destin ou trouver des**

réponses dans l'ésotérisme si l'on ne sait pas faire résonner les chiffres dans son âme ?

C'est pourquoi j'ai choisi de vous prendre par la main, lentement, au cœur de la numérologie chaldéenne. Avant d'entrer dans les calculs, nous allons explorer ensemble l'âme de chaque nombre. Chaque nombre possède sa propre énergie, liée à une planète, à une ancienne divinité, à une vibration spécifique.

Ce n'est qu'en comprenant le souffle des nombres que vous pourrez véritablement appliquer la numérologie chaldéenne à votre vie.

Les nombres parlent, mais seulement si vous êtes prêt à les écouter. Tout au long de ce voyage, vous ne trouverez pas seulement des formules ou des méthodes de calcul. Vous trouverez un guide qui vous révélera, étape par étape, **comment interpréter les implications ésotériques de chaque nombre**.

Vous découvrirez que les nombres, en réalité, sont comme des portails qui peuvent ouvrir votre conscience à de plus grandes vérités. Vous apprendrez à ressentir chaque nombre comme une présence, un symbole qui vibre en vous et résonne avec votre expérience.

C'est comme si chaque nombre pouvait vous révéler une partie de vous-même, éclairer vos chemins et vous chuchoter où aller. Il ne s'agit pas de la numérologie que l'on trouve dans les manuels conventionnels. **Ici, les nombres deviennent des compagnons de voyage**.

Imaginez chaque chiffre comme une étoile dans votre ciel intérieur, éclairant les chemins de votre âme. Avant de mesurer, il faut sentir. Avant d'additionner, il faut écouter.

Chaque nombre représente une énergie cosmique, et sa compréhension vous aidera à éclairer les ombres de votre vie. Le système chaldéen est plus ancien que vous ne pouvez l'imaginer. Il porte en lui le savoir des prêtres et des astrologues, de ceux qui vivaient en communion avec les étoiles et les planètes.

Les nombres, selon les Chaldéens, sont des messagers. Chaque nombre contient un message spécifique, une vérité cachée.

Lorsque l'on commence à voir les nombres de cette manière, on se rend compte qu'ils ne sont pas seulement des outils pour faire des prédictions ou essayer de comprendre l'avenir.

Les nombres deviennent des clés qui ouvrent des portes intérieures et révèlent des secrets que vous ne saviez peut-être pas garder.

ibration et ésotérisme des nombres

Avez-vous déjà ressenti la vibration cachée que vous émettez rien qu'en prononçant votre nom ? Chaque fois que vous le faites, vous activez une mélodie d'énergies ésotériques, un ensemble de vibrations qui se lient à vous comme une signature invisible. **Dans la numérologie chaldéenne, chaque nom a une fréquence unique**, une résonance qui indique qui vous êtes et ce que vous apportez avec vous dans le monde.

Cette numérologie ancienne ne se limite pas aux nombres et aux calculs ; elle va beaucoup plus loin, en explorant le lien entre le microcosme - votre être intérieur - et le macrocosme - l'univers et ses lois. **Les nombres ne sont pas seulement des symboles mathématiques : ce sont des fragments d'étoiles et de planètes**, ils portent des vertus astrologiques qui sont imprimées dans les noms et les lettres. Ainsi, votre nom n'est pas seulement un ensemble de lettres, mais une sorte de talisman magique qui vibre en permanence, vous imprégnant de ses vertus et de ses pouvoirs.

L'ésotérisme a toujours étudié ce lien entre le grand et le petit, entre le vaste univers et le monde intime de chacun d'entre nous. **Chaque nombre représente une force céleste** qui influence non seulement votre destin, mais aussi votre personnalité, vos relations et même la façon dont les autres perçoivent votre présence. Dans cet échange constant entre les énergies cosmiques et intérieures, les chiffres fusionnent avec les lettres, créant une combinaison unique qui résonne dans votre nom, comme un mantra qui vous représente.

Imaginez le son d'une cloche qui sonne et se propage dans l'air. **Les lettres et les chiffres de votre nom agissent de la même manière**, en émettant des vibrations qui influencent la façon dont vous vous présentez aux autres et la façon dont ils vous perçoivent. Chaque mot que vous prononcez est porteur d'une onde énergétique, et chaque lettre et chiffre de votre nom communique une partie de vous, créant une fréquence qui se propage autour de vous, laissant une trace. C'est comme si votre nom était une mélodie que peu de gens peuvent déchiffrer, une note qui porte vos vertus et vos secrets, visibles seulement à ceux qui savent vraiment écouter.

Chaque lettre de votre nom a une signification et une histoire, et lorsque vous la reliez à un nombre, cette histoire prend forme. Chaque nombre, lié à une planète, imprime une vertu ésotérique sur les lettres, créant des schémas et des résonances. C'est pourquoi le nom que vous portez parle de vous. Un nom n'est jamais le fruit du hasard ; c'est un entrelacement de forces que vous attirez et mettez au monde.

Pensez à votre nom comme à une porte : certains n'en perçoivent que la façade, mais ceux qui savent interpréter les énergies cachées dans les lettres peuvent l'ouvrir et découvrir ce qu'il y a à l'intérieur. Lorsque nous prononçons notre nom, nous évoquons les énergies des nombres qui représentent les lettres, donnant naissance à un courant de force qui non seulement influence la façon dont nous sommes perçus, mais nous accompagne également comme un guide, une sorte de gardien invisible.Imaginez que vous puissiez voir chaque chiffre qui compose votre nom comme un symbole ancien, **un pont entre vous et les forces cosmiques**. Chaque nombre, dans ce système ésotérique, porte sa vertu, sa lumière et aussi ses ombres. Il n'y a pas de vibrations sans ombres, comme il n'y a pas de lumière sans ombres. Certains nombres émanent d'énergies positives, attirent l'abondance et favorisent la connexion spirituelle ; d'autres, lorsqu'ils sont déséquilibrés, peuvent apporter des défis et des obstacles, vous apprenant que chaque force a son côté obscur.Peut-être avez-vous remarqué que, certains jours, vous semblez avoir plus confiance en vous, alors que d'autres jours, vous vous sentez incertain, comme si un voile recouvrait votre lumière. En effet, **les chiffres et les lettres ne sont pas statiques** : comme les étoiles et les planètes, ils bougent et changent, reflétant votre humeur, vos désirs, vos peurs. Ainsi, votre nom résonne différemment chaque fois que vous le prononcez, en fonction de l'énergie que vous portez en vous.

Et puis il y a ces nombres qui, plus que d'autres, ont une influence si puissante qu'ils peuvent révéler des aspects inattendus, des facettes de vous que vous ne connaissez peut-être même pas. Les énergies les plus fortes, notamment celles liées aux Maîtres Nombres, sont porteuses de responsabilités et nécessitent un équilibre constant. Ceux qui possèdent ces vibrations intenses savent à quel point il peut être complexe de les gérer. Un nom qui contient ces nombres a le pouvoir d'attirer de grandes potentialités, mais aussi de faire apparaître des côtés sombres, des forces qui, si elles ne sont pas reconnues, peuvent se manifester de manière inattendue. C'est pourquoi il est si important d'apprendre à connaître sa vibration. Connaître les énergies contenues dans votre nom vous donne le pouvoir de comprendre votre chemin, de reconnaître les vertus que vous éveillez et les défis que vous pouvez rencontrer. **La numérologie chaldéenne vous permet de voir** au-delà du **visible**, d'aller au-delà de la surface et de découvrir le pouvoir que vous portez en vous.

Ne soyez pas surpris si, au cours de votre apprentissage, vous reconnaissez en vous des caractéristiques ou des traits que vous ignoriez auparavant. Peut-être découvrirez-vous que vous avez une force inattendue ou, au contraire, une sensibilité qui vous rend vulnérable dans certaines situations. Mais n'oubliez pas que cette vulnérabilité peut devenir votre plus grand atout, comme une lumière qui ne brille que dans les nuits les plus sombres. S'il est une leçon que la numérologie chaldéenne enseigne, c'est que **chaque nom est un univers en soi**, un reflet des étoiles, des planètes, des énergies cosmiques. Chaque nombre imprime une vertu ésotérique aux lettres, vous donnant des qualités que vous pouvez éveiller ou transformer. Chaque nom est une invitation à s'explorer et à découvrir des potentiels cachés, à rendre visible ce qui est invisible.

Ainsi, votre nom devient un pont entre vous et l'univers, une connexion vivante qui vous parle, vous guide, révèle qui vous êtes vraiment.

Le système chaldéen et le système pythagoricien

Imaginez un instant que votre nom, ce simple son qui vous définit, est bien plus qu'une combinaison de lettres. Chaque mot, chaque lettre qui compose votre nom, porte une vibration, une trace d'énergie qui affecte qui vous êtes et comment vous êtes perçu. **C'est l'un des secrets les plus puissants de la numérologie** chaldéenne : grâce à un ancien langage de symboles et de nombres, les Chaldéens ont révélé l'essence cachée derrière chaque nom, chaque mot et chaque son.

Mais qu'est-ce qui rend le système chaldéen si particulier ? Contrairement au système numérologique occidental, qui se limite souvent à une séquence ordonnée de chiffres de 1 à 9, la numérologie chaldéenne est née d'une compréhension ésotérique beaucoup plus profonde. Pour les Chaldéens**, chaque nombre possédait une énergie unique et sacrée**, influencée par les vibrations du cosmos, des planètes et des forces célestes qui, selon eux, agissaient sur nous. Dans le système chaldéen, les nombres ne sont pas de simples symboles mathématiques ; ils sont porteurs de qualités ésotériques et de vertus astrologiques qui agissent comme de véritables codes énergétiques.

Ce système numérologique se distingue également par le respect qu'il porte au chiffre 9, un chiffre que les Chaldéens considéraient comme sacré et mystérieux. Pour eux, le 9 représentait l'infini, l'éternité, puisque toute multiplication de ce chiffre se rejoint toujours. Ce respect l'excluait de la table numérique normale, l'élevant à une dimension quasi mystique. C'est pourquoi, dans le système chaldéen, **le 9 ne figure pas parmi les nombres utilisés pour calculer les lettres**, et n'apparaît que dans les totaux, comme un messager silencieux de l'infini.

Contrairement au système pythagoricien, qui met l'accent sur le nom de naissance, la numérologie chaldéenne se concentre sur le nom que vous utilisez actuellement, celui qui résonne avec l'énergie d'aujourd'hui, celui qui vous accompagne dans votre vie quotidienne. Le nom par lequel vous vous présentez, par lequel on vous appelle, **porte l'énergie de ce que vous êtes en ce moment**. C'est comme si ce nom captait vos vibrations actuelles, les forces que vous canalisez en ce moment, celles qui vous influencent et vous guident au fil des jours et des nuits.

Pensez-y : chaque fois que votre nom change, l'énergie qui vous entoure change également. Mariage, divorce, surnoms... chaque nom crée une nouvelle empreinte énergétique, comme une note ajoutée à votre mélodie personnelle. Il ne s'agit pas seulement d'un choix ou d'une convention sociale, mais d'une transformation profonde qui influence vos relations, vos succès et vos obstacles. **Chaque nom est une porte qui ouvre de nouveaux chemins et de nouvelles possibilités**.

Il s'agit d'un système qui n'a pas d'équivalent dans le monde de la numérologie. Le système chaldéen est unique, profond, mystérieux et a des racines qui se perdent dans le temps. Les symboles et les nombres que nous utilisons aujourd'hui sont le résultat d'un long voyage qui a commencé avec le cunéiforme, l'ancienne écriture des Chaldéens, qui consistait en des signes linéaires imprimés sur de l'argile humide. Les Chaldéens n'utilisaient pas les lignes droites par hasard : c'était la méthode la plus efficace pour graver rapidement et avec précision sur des tablettes d'argile encore molles, préservant ainsi leurs messages et leurs connaissances pendant des siècles.

Ce savoir a traversé le temps. Du cunéiforme, il a été transmis à travers d'autres langues et cultures : des hiéroglyphes égyptiens aux lettres grecques, des inscriptions latines à l'alphabet que nous connaissons aujourd'hui. Mais l'essence de ce que les Chaldéens nous ont transmis, cette sagesse qui considère les lettres et les chiffres comme des instruments de transformation, n'a jamais changé. Elle est restée vivante, un art secret que nous pouvons encore explorer.

Aujourd'hui, notre alphabet est bien plus qu'un ensemble de lettres. **C'est un langage qui parle sa propre langue**, et la numérologie chaldéenne a le pouvoir de traduire ce qu'il nous dit. Calculer ses nombres avec ce système, c'est entreprendre un voyage vers soi-même, un voyage où chaque symbole, chaque chiffre, chaque lettre devient un guide vers son essence la plus authentique. Le système chaldéen ne nécessite pas de calculs complexes sur les voyelles ou les consonnes ; il est basé sur une compréhension profonde de chaque lettre individuelle, vous permettant de découvrir des aspects cachés de vous-même.

La numérologie chaldéenne **n'est pas un oracle comme les autres**. C'est un outil de connaissance de soi qui vous révèle comment vous êtes en relation avec le monde, comment vos énergies résonnent avec celles qui vous entourent et comment tout cela influence votre chemin. A chaque calcul, à chaque chiffre, vous apprenez à reconnaître ce qui est visible en vous et ce qui reste caché. Chaque symbole vous invite à regarder au-delà, à ne pas vous arrêter à la surface, mais à explorer les profondeurs de votre âme.

Ce système vous montre le pouvoir caché dans les lettres de votre nom et vous donne accès à une prise de conscience qui peut transformer votre façon de vivre. **Votre nom devient le reflet de votre destin, une clé secrète qui ouvre la porte de l'invisible**. Vous commencez à comprendre que les mots, tout comme les chiffres, vivent, respirent et parlent. Ils sont porteurs de mémoires et de pouvoirs, enracinés dans les siècles et la terre, comme si leur existence même était liée aux étoiles et aux planètes.

La numérologie chaldéenne est donc **un voyage sacré vers votre identité la plus profonde**. C'est un voyage qui exige non seulement une compréhension intellectuelle, mais aussi une ouverture du cœur et de l'esprit. Lorsque nous prononçons un nom, les vibrations de chaque lettre portent avec elles l'énergie des vertus planétaires, transmettant une sorte d'"empreinte cosmique" à celui qui le porte. Le son et le symbole se confondent, et le nom devient le sceau qui protège et guide celui qui le porte.

Imaginez que vous puissiez découvrir la signification secrète des lettres de votre nom, que vous puissiez les voir comme de petites amulettes énergétiques, chacune avec son propre pouvoir. Chaque lettre renferme une intention, une vertu, une qualité qui enrichit votre chemin, et l'ensemble du nom résonne comme un sortilège qui attire ce dont vous avez besoin et vous protège de ce dont vous n'avez pas besoin. **De cette manière, la numérologie chaldéenne devient un rituel de connexion avec l'univers**, un moyen de s'ancrer dans le présent tout en se développant dans le cosmos.

Chaque nom est donc comme un portail ouvert sur le mystère. Les vibrations contenues dans les lettres et les chiffres deviennent une danse d'énergies subtiles, un chant intemporel qui nous rappelle qui nous sommes et ce que nous sommes destinés à devenir. Il n'y a rien d'aléatoire dans ce que révèle le système chaldéen. Chaque son, chaque symbole est un fragment d'un plus grand dessein, une trame invisible qui relie votre chemin à l'ensemble.

Le graphique chaldéen

S'immerger dans les calculs du système chaldéen, c'est comme suivre un chemin ancien, une route battue par des siècles de mystère et de sagesse cachée. Chaque lettre de votre nom, chaque chiffre qui compose votre chemin de vie, est chargé d'une vibration unique, d'une vérité qui ne demande qu'à être révélée. Ce chapitre vous guidera dans le processus de découverte et de connexion avec l'essence numérique de votre nom, avec l'énergie que vous projetez dans le monde et avec le message que chaque lettre a l'intention de vous communiquer.

Commencez par le nom que vous utilisez le plus souvent. Le système chaldéen considère votre nom actuel, celui que vous utilisez et qui vous représente dans le monde, car il contient les vibrations qui influencent votre vie quotidienne. Peu importe le prénom enregistré à l'état civil, ce qui compte c'est la vibration active, celle qui résonne chaque fois que quelqu'un vous appelle ou que vous vous présentez aux autres. Chaque fois que nous prononçons un nom, nous émettons une vibration qui s'imprime dans l'énergie environnante. **La numérologie chaldéenne vous invite à explorer précisément cette vibration active**, car c'est elle qui reflète votre "ici et maintenant" et qui détermine la façon dont vous êtes perçu et dont vous interagissez avec le monde.

Tout d'abord, il peut être utile de dessiner à la main une version du graphique chaldéen que vous utiliserez pour vos calculs. Le fait de tenir cet outil dans vos mains, de travailler dessus, vous connectera encore plus à la connaissance ancienne que vous êtes sur le point d'explorer. **Chaque nombre est une porte qui s'ouvre sur** des qualités cachées, sur des potentiels qui attendent de se manifester ou sur des leçons karmiques qui attendent d'être comprises. Ne vous contentez pas de voir les nombres comme des symboles statiques, mais considérez-les comme des énergies vivantes, chacune porteuse d'une vertu astrologique particulière.

Vous trouverez ci-dessous le tableau de conversion du chaldéen, dans lequel vous pourrez puiser pour associer chaque lettre de votre prénom à son chiffre respectif. C'est la clé qui vous permettra de décrypter les vibrations inhérentes à votre nom :

1	2	3	4	5	6	7	8
A	B	G	D	E	U	O	F
Q	R	C	M	H	V	Z	P
Y	K	L	T	N	W		
I		S		X			
J							

Prenez le temps d'écrire les chiffres associés à chaque lettre de votre nom et calculez le total. N'oubliez pas : **la valeur numérique de votre nom n'est pas un simple chiffre, c'est une vibration qui renferme un message pour vous.**

Il unit le microcosme de votre essence personnelle au macrocosme, ce vaste système d'énergies planétaires que les anciens Chaldéens observaient dans le ciel nocturne. L'ésotérisme repose sur ce concept : **les forces qui agissent dans le cosmos résonnent également en vous.** Chaque chiffre du système chaldéen représente une qualité spécifique, une vertu qui s'imprime dans les lettres et confère à votre nom des significations cachées et symboliques.

Travailler avec ces chiffres, c'est ouvrir les yeux sur soi-même comme jamais auparavant. Chaque chiffre, chaque combinaison révèle un fragment de votre être intérieur, une histoire que vous seul pouvez déchiffrer. **La numérologie devient un voyage**

personnel, une découverte de la façon dont chaque aspect de votre personnalité résonne avec l'univers.

Ne vous contentez pas d'une simple pratique intellectuelle ; faites-en une danse intuitive, une manière d'écouter cette voix intérieure que vous avez peut-être négligée pendant trop longtemps.

Dans le système chaldéen, une fois les nombres identifiés, l'étape suivante consiste à comprendre leurs interactions, les harmonies ou les contrastes qu'ils créent. Ces nombres représentent des départements de votre vie et reflètent à la fois des forces et des défis. N'ayez pas peur si vous découvrez qu'un nombre ou une combinaison apporte avec lui une leçon difficile. Les vibrations chaudes ne jugent pas ; elles vous offrent seulement la chance de voir clair, d'embrasser chaque aspect de vous-même avec amour et compréhension.

Laissez-vous le temps de réfléchir à ce qui en ressort.

Il ne s'agit pas de réponses immédiates ou de solutions toutes faites, mais d'un voyage qui vous invite à explorer les messages silencieux qui vous ont accompagné tout au long de votre vie.

Lorsque vous regardez vos chiffres, n'oubliez pas que chacun d'entre eux a sa raison d'être, une raison que vous seul pouvez comprendre dans son intégralité. Laissez le sens émerger lentement, sans précipitation. Parfois, une simple association ou réflexion peut ouvrir des portes insoupçonnées, révélant des connexions et des chemins que vous n'auriez jamais imaginés.

Gardez une trace de vos résultats et des informations que vous recevez en cours de route.

Cette pratique vous permettra de voir les schémas et les connexions, de remarquer comment chaque chiffre et chaque lettre construisent une mosaïque, une carte intérieure unique. **Le résumé visuel final sera une clé précieuse pour comprendre vos vibrations**, votre dynamique, ce qui vous anime et ce qui vous enracine.

En explorant ce système, vous vous rendrez compte que chaque nom, chaque chiffre, chaque combinaison de nombres fait partie d'un langage secret que l'univers utilise pour vous parler.

La numérologie chaldéenne est plus qu'une science occulte, c'est une forme de connaissance de soi, un moyen de reconnaître les parties les plus cachées de soi-même. Accueillez cette connaissance avec un cœur ouvert et laissez les nombres vous conduire à la découverte de votre véritable essence.

Analyse des noms selon le système chaldéen

Imaginez que vous êtes assis devant une feuille blanche, un stylo à la main et votre nom complet écrit en lettres capitales. C'est un moment intime et puissant, au cours duquel vous êtes sur le point de découvrir quelque chose de mystérieux et de profond sur vous-même.

Votre nom, si familier et pourtant si plein de secrets, est en fait un code. Un code qui, avec l'aide de la numérologie chaldéenne, peut vous révéler vos traits cachés, les énergies que vous portez, les défis que vous êtes appelé à relever.

Prenez une grande feuille de papier et divisez l'espace entre le prénom, l'éventuel deuxième prénom et le nom de famille. Laissez-les respirer, laissez de l'espace entre eux, car chacun de ces éléments parle d'une partie différente de vous. Plus loin, notez le mois et le jour de votre naissance, car ils influencent également la vibration globale qui vous représente.

Maintenant, au-dessus de chaque lettre de votre nom, écrivez le nombre correspondant selon la table traditionnelle chaldéenne.

Vous trouverez ci-dessous un exemple de table de conversion avec le nom "John Smith" pour vous aider à visualiser le processus :

Lettre Nombre Nom : J-O-H-N S-M-I-T-H

J	1	J (1)
O	7	O (7)
H	5	H (5)
N	5	N (5)
S	3	S (3)
M	4	M (4)
I	1	I (1)
T	4	T (4)
H	5	H (5)

Sous chaque lettre, vous avez maintenant un chiffre qui représente la vibration numérique de cette lettre spécifique, et par conséquent l'aspect unique de votre personnalité qui se manifeste à travers cette partie de votre nom.

Additionner les chiffres de chaque nom

L'étape suivante consiste à additionner les chiffres de chaque nom individuellement. Additionnez les chiffres de "John", puis de "Adam" (ou d'un éventuel deuxième prénom), et enfin de "Smith". **Chacun de ces totaux représente un "nombre secondaire"**, une indication distincte et profonde de la manière dont chaque partie de votre nom contribue à votre énergie globale.

Si le résultat est un nombre à deux chiffres, additionnez ces deux chiffres jusqu'à ce qu'il soit réduit à un seul chiffre. Répétez le processus pour chaque nom. Une fois que vous aurez un nombre pour chaque partie du nom, vous découvrirez une vibration unique pour chaque fragment de vous. C'est comme regarder les pièces d'une mosaïque avant de les voir réunies pour former une image plus grande.

Le nombre total de la dénomination

Combinez maintenant toutes les sommes de vos noms pour obtenir un seul nombre : **le nombre total de noms**. Ce nombre est le reflet de vous-même, un amalgame des différentes parties de votre identité qui, ensemble, vous représentent complètement. Le nombre total de noms résume votre "don" universel, cette énergie fondamentale que vous avez apportée sur cette terre.

Ce nombre représente votre potentiel le plus élevé, les ressources intérieures sur lesquelles vous pouvez compter, mais aussi les défis que vous devez relever pour réaliser votre essence authentique. C'est le nombre qui résonne dans l'univers, représentant la façon dont vous êtes perçu non seulement par les gens, mais aussi par les énergies et les vibrations supérieures qui vous entourent.

La signification des nombres secondaires

Les nombres secondaires, ceux qui sont dérivés des noms individuels, sont porteurs de messages importants. Ils peuvent indiquer des qualités latentes, des aspects à développer ou des traits de caractère à aborder. **Ces nombres vous guident comme des balises, révélant le chemin** que vous pouvez choisir d'emprunter pour devenir une version plus complète et plus épanouie de vous-même.

Ces nombres vous aident à vous explorer et à comprendre le potentiel contenu dans chaque nom. Le prénom peut vous chuchoter vos penchants créatifs, le deuxième prénom peut vous parler de vos liens profonds, tandis que le nom de famille peut renfermer les secrets de votre force intérieure et de vos racines.

Au cours de ce voyage de décryptage, n'oubliez pas que chaque nombre possède une vibration liée aux énergies de l'univers. Tout comme les étoiles influencent les marées, les nombres portent une charge magnétique qui touche les cordes les plus profondes de votre esprit. **Chaque somme et chaque nombre n'est pas un simple calcul, mais un symbole de ce que vous êtes**, et vous invite à entrer en résonance avec l'univers de manière consciente.

Chaque fois que vous revoyez votre nom et que vous découvrez un numéro, arrêtez-vous un instant. Demandez-vous ce qu'il signifie pour vous, ce qu'il évoque, et écoutez les pensées et les idées qui surgissent. Ce faisant, vous vous connectez à un réseau invisible de sagesse ancienne qui vous guide et vous soutient.

Notez tout ce que vous découvrez et observez comment ces découvertes sont liées à votre vie. Vous remarquerez peut-être des synchronicités, des coïncidences qui semblent aléatoires mais qui parlent à un niveau profond. **Cet exercice est un dialogue permanent avec l'univers**, une façon de vous mettre en phase avec votre vibration la plus authentique.

Au fil du temps, vous découvrirez peut-être que votre nombre total de noms vous offre une nouvelle vision de votre mission personnelle. Vous pouvez aussi trouver du réconfort dans les qualités que chaque sous-nombre représente. Ce lien entre les nombres vous fait prendre conscience de qui vous êtes, de votre potentiel et de la manière dont vous pouvez marcher dans le monde en tant qu'âme en phase avec les forces cosmiques.

Exemple de calcul

Pour vous aider à mieux visualiser, voici un exemple de calcul pour le nom "John Smith" :

1. Écrivez "John Smith" et utilisez le tableau de conversion pour attribuer un nombre à chaque lettre :
   - J (1), O (7), H (5), N (5) - total : 1+7+5+5 = 18
   - S (3), M (4), I (1), T (4), H (5) - total : 3+4+1+4+5 = 17
2. Réduisez les totaux à un seul chiffre :
   - 18 devient 1+8 = 9
   - 17 devient 1+7 = 8
3. Combinez les nombres secondaires pour obtenir le nombre total du nom :
   - 9 + 8 = 17, qui se réduit encore à 1+7 = 8.

Le nombre total de noms pour "John Smith" est 8.

Ce nombre représente la situation dans son ensemble : la vibration que vous portez tout au long de votre existence. C'est le cadeau que l'univers vous a fait, et si vous choisissez de vous connecter à cette énergie, vous pourrez vous aligner sur votre objectif le plus élevé. **Explorez et accueillez ce nombre comme un guide** : il vous parle de votre âme, des talents que vous pouvez manifester et des défis qui vous transformeront.

En suivant ces calculs et en réfléchissant aux chiffres qui en ressortent, vous voyagez à l'intérieur de vous-même, vous déchiffrez les mystères que vous portez en vous et vous ouvrez de nouvelles portes à la prise de conscience et à la croissance.

Calculs avancés

Lorsque nous abordons les calculs avancés de la numérologie chaldéenne, nous entrons dans un territoire d'une profonde complexité, où chaque nombre à plusieurs chiffres se révèle comme une mosaïque. Chaque élément du nombre - unités, dizaines, centaines, milliers - devient une pièce qui raconte une histoire, et ensemble ils créent une image symbolique qui illumine des parties de vous que vous n'avez peut-être jamais explorées. C'est ici que **l'essence de la numérologie chaldéenne se manifeste vraiment** : les simples nombres, avec lesquels vous commencez votre voyage, ne sont qu'un prélude. Ils sont la clé d'entrée, le premier souffle d'un langage ancien ancré dans le temps et le cosmos.

Il est fondamental de commencer par un seul chiffre. Pour ceux qui débutent sur ce chemin, le conseil est de se concentrer sur le chiffre unique, qui porte en lui une vibration pure et simple, une énergie directe et immédiate. Le chiffre unique est comme une pierre précieuse qui brille de sa propre lumière, facile à contempler et à comprendre. Ce n'est pas un simple guide, mais un véritable enseignant qui vous initie aux premières résonances de la numérologie. Cependant, pour ceux qui se sentent prêts à aller plus loin, il existe un système avancé qui va au-delà des chiffres isolés. Cette méthode unique, rarement décrite ailleurs, permet de décomposer des nombres complexes pour en révéler l'essence la plus profonde.

Imaginez que chaque chiffre est une note de musique et que chaque position numérique - unités, dizaines, centaines, milliers - est un ton qui varie l'intensité du message. Dans le système chaldéen avancé, les unités résonnent avec la vibration du **chiffre 1**, qui représente l'essence pure et individuelle, le "moi" originel. Les dizaines prennent la qualité du **chiffre 2**, portant avec elles la signification de la dualité, des relations et de la coopération. Les centaines, sous l'influence du **chiffre 3**, sont le domaine de l'expansion, de l'expression et de la création. Enfin, les milliers, associés au **chiffre**

4, évoquent les fondations solides, la stabilité et les structures qui soutiennent tout le reste.

Chaque chiffre placé dans ces plans n'est pas aléatoire : il reflète une dynamique unique, un équilibre de forces agissant sur votre trajectoire. C'est pourquoi, par exemple, un nombre comme 2019 peut être "lu" comme 2 de milliers, 0 de centaines, 1 de dizaines et 9 d'unités. Chacun de ces nombres a son propre poids et, ensemble, ils créent une vibration spécifique, une énergie qui pulse et vit en résonance avec votre âme.

Mais n'oubliez pas qu'il ne s'agit pas d'une course contre la montre et qu'il n'est pas nécessaire de se précipiter pour calculer et interpréter des nombres ou des concepts complexes tels que le chemin karmique ou le nombre de vie. **Chaque nombre mérite son propre espace et son propre temps pour être compris**, tout comme chaque pensée et chaque émotion ont besoin d'être expérimentées pour révéler leur véritable nature. L'étude des nombres avancés requiert de l'expérience et une base solide, une compréhension qui va au-delà de la curiosité initiale. C'est comme creuser un puits : plus vous allez en profondeur, plus votre connexion avec les eaux souterraines, les profondeurs cachées de votre être, s'intensifie.

Le système avancé est à votre disposition lorsque vous êtes prêt, lorsque votre chemin vous amène à vouloir découvrir ces symboles cachés que seuls les nombres complexes peuvent révéler. Le chemin numérologique, après tout, est un voyage de croissance intérieure, et la numérologie chaldéenne vous invite à explorer ces calculs avancés seulement lorsque vous vous sentez vraiment en confiance, comme si chaque chiffre et chaque valeur avaient déjà pris vie dans votre esprit et votre cœur. Prendre le temps de savourer chaque découverte vous permettra de construire une connexion authentique avec les nombres, faisant de chaque interprétation un pas de plus dans votre évolution personnelle.

Et comme tout chemin de conscience, la numérologie trouve sa beauté dans la pratique. Prenez le temps de pratiquer, d'expérimenter les chiffres et les vibrations qui émergent de votre nom et de votre date de naissance. Laissez chaque chiffre révéler sa signification lentement, sans la forcer. **C'est un voyage de découverte, et chaque chiffre a un message pour vous** : ne soyez pas pressé de tout dévoiler en même temps.

Lorsque vous serez prêt à découvrir les secrets de cette science ancienne, Templum Dianae sera là pour vous accompagner. Restez en contact avec nous pour connaître les futures publications sur la numérologie chaldéenne et les arts ésotériques. Chaque étape de ce voyage est une porte qui s'ouvre sur de nouveaux mondes, et c'est vous qui en gardez les clés.

EXERCICES GUIDÉS

Imaginez que vous vous immergez dans un espace suspendu dans le temps, un lieu qui n'existe que pour vous et vos questions. **Un silence enveloppant** s'installe autour de vous, comme un fin brouillard murmurant d'anciennes vérités. Dans cet espace de mystère et de contemplation, vous entendez un appel. C'est quelque chose qui vous attire, une énergie qui vibre entre votre cœur et votre esprit. Un faible signal, comme un toucher invisible, vous suggère qu'il y a des réponses - mais pas dans les mots. Les réponses sont dans les chiffres. C'est ainsi que commence votre voyage, un voyage qui vous demande de faire confiance à vos sens, d'aiguiser votre perception pour saisir des nuances invisibles pour les yeux. **Les nombres ne sont pas de simples symboles** : ce sont des portails, des clés vers des réalités subtiles, des mystères qui vous appellent à découvrir ce qui est caché. L'invitation est simple, mais profonde. Je vous demande de laisser tomber la pensée logique, de vous abandonner à la sensation pure, à l'énergie subtile qui circule autour de vous. Prenez ces exercices comme une sorte de rituel personnel, un espace sacré où vous pouvez rencontrer chaque figure comme un ami, un guide.

Êtes-vous prêt à danser avec l'énergie des chiffres ? Il n'y a pas de hâte, pas de règles strictes. **Asseyez-vous confortablement** et laissez votre respiration trouver un rythme lent et profond. Chaque expiration vous rapproche un peu plus de cet espace intérieur, où les nombres prennent vie. Voici les étapes à suivre pour commencer. Ne vous inquiétez pas si quelque chose ne vous semble pas clair au début ou si votre cœur ne capte pas immédiatement tous les signaux. Ce chemin est personnel, intime, et chaque rencontre avec un nombre est un acte de pure confiance.

Visualisation et méditation.

Fermez les yeux. Respirez profondément et laissez le monde s'évanouir un instant, se dissoudre dans le silence. Vous êtes dans un espace que vous connaissez bien et qui, en même temps, a un air mystérieux et secret, comme une pièce cachée à l'intérieur de vous. C'est ici que chaque nombre chuchote, que chaque chiffre révèle son secret. C'est un temps qui vous est dédié, à votre connexion avec les énergies profondes et subtiles. Êtes-vous prêt à découvrir ce que chaque chiffre peut apporter dans votre vie ?

Commencez par choisir un nombre qui vous attire, comme une note de musique qui ne résonne que pour vous. Observez quel chiffre vous appelle. Ce peut être un nombre lié à votre date de naissance, ou un nombre que vous rencontrez souvent, dans des coïncidences, dans des rêves. Laissez-vous guider par votre instinct. Ce n'est pas le nombre qui est choisi : c'est lui qui vous a choisi, et vous répondez à son appel.

Imaginez maintenant que le nombre prend forme, comme une lumière suspendue au centre de votre être. **Voyez cette lumière claire et vibrante**. C'est plus qu'un simple chiffre, c'est une essence vivante. Comme une fleur qui s'ouvre lentement, laissez le nombre se montrer dans toute son énergie. Sentez sa vibration : c'est une présence qui grandit, qui s'étend jusqu'à devenir claire, presque tangible. Ne soyez pas pressé. Restez à l'écoute, sans avoir besoin d'expliquer ou d'interpréter. L'acte se fera comprendre de lui-même.

Fermez maintenant les yeux et portez votre attention sur la signification planétaire du nombre. Dans la numérologie chaldéenne, chaque nombre **est lié à une planète**, qui lui insuffle ses caractéristiques. Si vous avez choisi le chiffre deux, imaginez l'énergie de la Lune. Percevez-la comme une caresse fraîche et profonde, comme une vague qui monte lentement, puis se retire doucement. C'est l'énergie lunaire : calme, douce, parfois mystérieuse. Laissez-la vous envelopper. Si vous avez choisi le chiffre cinq, ressentez l'énergie rapide et imprévisible de Mercure, comme une brise vive qui pousse vos pensées à circuler et à jouer, avec légèreté. Quel que soit le nombre que vous avez choisi, **connectez-vous à la planète qui le représente**.

Restez dans cet espace, à l'écoute. Laissez l'énergie du chiffre faire son chemin en vous, sans essayer de la contrôler. C'est une énergie subtile, mais puissante. C'est comme si le nombre vous parlait, mais pas avec des mots. C'est un langage de vibrations, d'intuitions. **Laissez-le se révéler**. Ne cherchez pas à le comprendre immédiatement. Il y a un temps pour chaque révélation, et c'est le moment de recevoir, pas d'analyser.

Chaque nombre a une fréquence, une voix unique que vous pouvez percevoir. C'est comme s'il vous montrait un nouveau langage, un langage fait d'énergie. Reconnaître ces vibrations vous rapproche de la véritable essence de chaque nombre. C'est une connexion qui ne nécessite aucune logique, seulement de la sensibilité. Permettez-vous d'entrer dans cette danse avec le nombre, sans attentes.

Répétez cet exercice chaque jour avec un numéro différent. Chacun d'entre eux porte un message, une essence planétaire qui vous offre une façon de voir le monde et vous-même sous de nouvelles perspectives. Observez comment le chiffre modifie votre état intérieur, comment sa vibration se mêle à la vôtre. C'est un processus qui demande du temps et de la patience, mais qui apporte **une nouvelle conscience**. Grâce à la méditation, vous permettez au nombre de faire partie de vous, d'entrer dans votre monde intérieur et de l'enrichir.

Au fil du temps, vous remarquerez que chaque chiffre commence à révéler des aspects cachés de vous. Ce sera comme **une carte intérieure** qui se dévoile petit à petit, faite de lumière, de vibrations, de connaissances. Vous découvrirez que chaque nombre est une porte, un chemin pour atteindre des niveaux plus profonds de votre âme. Et au fur et à mesure que vous poursuivrez ces exercices, votre lien avec le monde des nombres grandira, se renforcera, jusqu'à faire partie de votre conscience quotidienne.

Chaque nombre vous montre une voie d'accès à un monde d'énergies subtiles et puissantes. Votre voyage avec les nombres n'est jamais un simple exercice : c'est un chemin d'éveil intérieur. **Accueillez chaque nombre comme un enseignant**, comme un allié qui vous accompagne vers une plus grande compréhension de qui vous êtes.

Enfin, soyez patient avec vous-même. La numérologie chaldéenne n'est pas une science exacte : c'est une voie, un chemin qui s'enroule et se déroule en vous. Il ne s'agit pas d'apprendre des formules ou des définitions, mais de sentir, de percevoir ce que le nombre veut vous révéler. C'est un dialogue silencieux, une découverte qui grandit jour après jour.

Le livre des ombres des nombres.

Il est temps de créer un lieu sacré pour conserver les secrets que la numérologie vous révèle. **Imaginez un livre à vous**, un guide silencieux, un compagnon qui vous observe et recueille les signes de votre voyage. Ce sera votre carnet de chiffres, un journal qui vous accompagnera chaque fois que vous ressentirez le besoin de clarifier ou de vous plonger dans la magie des calculs numérologiques.

Choisissez un cahier spécial, un cahier qui vous inspire et qui est beau à tenir dans vos mains. Il ne s'agira pas d'un simple carnet : **c'est votre Livre des ombres des nombres**. Chaque page que vous écrirez aura une signification, chaque ligne deviendra une petite porte vers votre monde intérieur. Ne soyez pas pressé, laissez le temps vous guider et laissez chaque calcul, chaque nom écrit ici être une sorte de rituel, un geste de connexion avec l'univers des nombres.

Imaginez que vous commenciez par les bases : écrivez votre prénom, puis votre nom, et commencez à calculer sa valeur numérologique. Chaque lettre a un chiffre et chaque chiffre a un pouvoir. Sentez les vibrations pendant que vous faites les calculs, sentez l'énergie qui émane des chiffres. Votre nom est plus qu'un ensemble de lettres : c'est une clé, une intonation qui résonne et s'aligne avec le cosmos.

Poursuivez avec les noms des personnes qui vous sont chères. Les chiffres qui en ressortent vous en diront long sur elles et sur les liens qui vous unissent. Écrivez soigneusement leurs noms, notez les calculs et les sentiments qui vous viennent. Ne considérez pas les chiffres comme des résultats statiques, mais comme des voix qui vous parlent d'histoires passées, de chemins possibles, de défis et d'harmonies. Sentez les vibrations qui résonnent dans ces connexions, comme des vagues qui se chevauchent ou se retirent. Avec le temps, les pages de ce livre deviendront une carte pour vous, un guide pour comprendre vos relations, pour percevoir ce qui vous unit et ce qui vous éloigne des autres.

Les dates peuvent **aussi** révéler des secrets. Chaque moment particulier a son propre code numérique : anniversaires, dates importantes de votre vie ou de celle de vos proches. Notez-les et calculez leur signification numérologique. Sentez que chaque date vous parle d'une énergie, d'un cycle, d'un mouvement qui grandit et s'étend. Vous constaterez peut-être que certaines dates se répètent, que certains chiffres reviennent comme des signaux, comme de petits messages que l'univers vous envoie. Laissez votre livre devenir un refuge pour ces signes. Il n'y a pas de règles rigides : suivez votre instinct et laissez-vous aller à l'exploration.

Au fur et à mesure que vous écrivez, laissez-vous guider par votre intuition. Chaque chiffre, chaque calcul est une étape de votre recherche, une pièce ajoutée à la mosaïque. **Ne cherchez pas à tout comprendre tout de suite**. La beauté de la numérologie réside dans son mystère, dans sa capacité à se révéler lentement, un fragment à la fois. Chaque fois que vous reviendrez lire ce que vous avez noté, vous serez différent et les chiffres vous révéleront quelque chose de nouveau.

Ce carnet sera votre compagnon, un endroit où vous pourrez noter les pensées, les idées qui surgissent au cours de vos méditations. Après chaque exercice, prenez quelques instants pour écrire ce que vous avez ressenti. Si un chiffre particulier vous a parlé, décrivez ce que vous avez ressenti, si vous avez ressenti une émotion, un souvenir. Laissez ces mots vous guider dans le temps. Il se peut qu'en les relisant, vous saisissiez un jour un sens que vous n'aviez pas perçu au départ.

Ce Livre des Ombres des Nombres sera votre ami silencieux, le gardien des révélations que vous seul avez découvertes. Avec le temps, vous remarquerez que chaque chiffre, chaque nom, chaque date est une porte vers une partie cachée de vous, et que chaque calcul vous rapproche de votre essence. Ce livre deviendra **le miroir**

de votre voyage intérieur, un point de référence pour mieux comprendre ce que vous vivez, les énergies qui vous entourent et les signaux que l'univers vous envoie.

Au fil des jours, chaque fois que vous vous sentirez désorienté ou en quête de réponses, vous pourrez revenir à ce livre et ses pages vous parleront. Il vous suffit de l'ouvrir et de relire les mots que vous avez écrits pour trouver un sens, une direction, une signification. Il n'est pas nécessaire de tout analyser, ni de chercher des explications logiques. Les chiffres parlent un langage qui se révèle lentement, qui demande de la patience et de l'écoute.

Grâce à ce carnet, vous créez un lien profond avec les forces qui guident votre chemin. Chaque fois que vous écrivez, chaque fois que vous ajoutez un nom ou une date, vous cultivez un dialogue intime avec le mystère des nombres. **C'est votre carte, votre guide**, un chemin qui se dévoile peu à peu et se précise au fur et à mesure que vous le parcourez.

Ainsi, page après page, calcul après calcul, vous commencerez à voir comment tout est lié. Vous reconnaîtrez les schémas, les répétitions, les signaux qui émergent à travers les chiffres. Ce livre vous aidera à tracer un chemin de conscience, comme un fil d'or qui vous guidera dans le labyrinthe de vos questions et de vos réponses.

À terme, votre Livre des Ombres des Nombres sera un refuge précieux, un espace où le temps s'arrête et où les vérités se révèlent doucement. Il ne s'agira pas seulement d'un carnet de notes : il deviendra **une extension de votre âme**, un lieu qui vous accompagnera dans votre voyage spirituel. Chaque fois que vous l'ouvrirez, vous aurez l'impression de rentrer chez vous, au centre de vous-même.

Rituels avec des herbes et des cristaux.

Le moment est venu de se connecter à chaque nombre, non seulement par la pensée, mais aussi **par l'énergie tangible** des herbes et des cristaux, liés aux planètes qui gouvernent ces nombres. Chaque nombre porte en lui une vibration ancienne et puissante, et vous pouvez l'appeler ici, maintenant, par le biais d'un petit rituel.

Commencez par choisir le nombre avec lequel vous souhaitez travailler. Ressentez l'énergie de ce nombre comme une présence vivante, une essence invisible qui attend de se révéler. **Chaque nombre est lié à une planète**, et chaque planète possède des pierres et des plantes qui amplifient son énergie. Si vous travaillez, par exemple, avec le nombre six, vous sentirez l'appel de Vénus. Prenez du quartz rose et des pétales de rose séchés. **Allumez une bougie** et laissez l'énergie du quartz et le parfum délicat de la rose envahir la pièce.

Prenez le temps de contempler la pierre, de sentir sa surface fraîche sous vos doigts, d'observer sa douce lumière. En fermant les yeux, imaginez le chiffre six qui brille devant vous, enveloppé d'une aura de lumière et d'amour. Respirez profondément et laissez-vous envelopper par l'énergie de Vénus, comme un manteau de tendresse et de paix.

Ce rituel est simple, mais puissant. **Vous n'avez pas besoin d'objets rares ou difficiles à trouver** : les herbes sont souvent celles que vous avez déjà dans votre cuisine ou votre jardin, et même un petit cristal peut contenir une grande énergie, à condition qu'il soit authentique. La clé est l'intention, la volonté de créer un espace sacré et de se connecter profondément avec le nombre que vous avez choisi. Vous pouvez répéter ce rituel avec différents nombres, en découvrant que chacun d'entre eux a une voix, une vibration unique, qui vous parle d'une manière différente.

Placez la pierre et l'herbe dédiées à ce nombre devant vous et laissez-vous transporter. Fermez les yeux et imaginez le nombre brillant, entouré de l'aura de son essence planétaire. Chaque nombre est un portail vers un monde caché, et lorsque vous vous concentrez sur lui, sentez comment il se renforce, comment son énergie entre en résonance avec vous, comment il devient une partie de vous.

Restez ouvert à ce que vous percevez. Vous pouvez ressentir une sensation dans votre corps ou une intuition soudaine. Une image peut apparaître dans votre esprit, ou une émotion inattendue. **C'est le langage subtil des nombres et des planètes**, un langage qui ne se parle pas avec des mots mais avec des vibrations, des symboles, des petits signaux que seul le cœur peut déchiffrer. Chaque exercice, chaque rituel que vous pratiquez est un pas vers une conscience plus profonde, une manière d'enraciner en vous la connexion avec les nombres. Chaque fois que vous vous asseyez et contemplez un nombre, vous sentez que la numérologie fait partie de vous, qu'elle devient une façon de voir le monde et de comprendre même vos expériences les plus intimes. C'est un voyage qui demande de la patience, mais qui apporte avec lui **une grande sagesse**, une connaissance ancienne qui vous accompagne tout au long du chemin.

Voici un simple tableau d'associations pour vous aider à choisir la pierre et l'herbe correspondant à chaque chiffre :

Nombre	Planète	Cristal	L'herbe
1	Soleil	Œil de tigre	Laurier
2	Lune	Pierre de lune	Camomille
3	Jupiter	Améthyste	Sage
4	Uranus	Aigue-marine	Romarin
5	Mercure	Quartz vert	Lavande
6	Vénus	Quartz rose	Rose
7	Neptune	Améthyste	Jasmin
8	Saturne	Onyx	Myrrhe
9	Mars	Cornaline	Timo

Utilisez ce tableau comme un guide, mais laissez-vous inspirer par votre intuition. Sentez quelle pierre ou quelle herbe vous appelle d'une manière particulière, quelle vibration est en résonance avec votre énergie à ce moment précis. Il n'y a pas de règles rigides : ce sont des outils, des portails qui vous aident à entrer en contact avec le monde invisible des nombres.

Chaque fois que vous effectuez un rituel, n'oubliez pas de ne pas vous presser, de donner du temps au temps. Chaque nombre a sa propre sagesse à révéler, et il faut parfois de la patience. Le simple fait d'allumer une bougie et de contempler la flamme, avec le cristal dans les mains et l'herbe qui parfume l'air, est déjà une façon d'ouvrir un dialogue avec l'univers. **Le mystère des nombres ne se**

révèle pas d'un seul coup : c'est un voyage, un voyage qui vous transforme, qui vous rapproche de votre véritable essence.

Laissez-vous guider par le plaisir de découvrir chaque nombre comme une rencontre, un dialogue intime avec l'énergie du cosmos. Avec le temps, vous sentirez la numérologie devenir une seconde peau, une manière d'observer non seulement le monde extérieur, mais aussi votre monde intérieur. Chaque nombre est comme une étoile qui brille dans votre constellation personnelle, et vous apprenez à connaître sa position, son influence, sa signification.

Enfin, gardez ce rituel comme un petit refuge auquel vous pouvez revenir chaque fois que vous ressentez le besoin d'une guidance, d'un signe, d'un conseil. Et lorsque vous serez prêt à percer de nouveaux mystères, restez en contact avec **Templum Dianae**. Avec les publications à venir, nous continuerons à explorer ensemble les secrets de la numérologie chaldéenne et des arts ésotériques, ouvrant de nouvelles portes sur le chemin de la connaissance et de la découverte de soi.

CONCLUSION

Nous sommes arrivés au terme de ce voyage, mais le chemin de la numérologie chaldéenne est bien plus vaste que vous ne pouvez l'imaginer. Chaque page de ce livre vous a rapproché un peu plus de l'ancienne sagesse, de ces clés secrètes qui résident au cœur de chaque nombre, prêtes à se révéler seulement à ceux qui ont la patience de chercher. Mais sachez, chère âme en chemin, qu'**une seule lecture ne suffit pas**. La numérologie chaldéenne est comme un labyrinthe de miroirs : chaque fois que vous revenez à ces concepts, vous découvrez de nouveaux reflets, des perspectives différentes, des niveaux de compréhension plus profonds. Ce livre n'est pas un manuel à feuilleter et à ranger ; c'est une œuvre vivante, qui évolue avec vous.

Prenez le temps de vous immerger dans ses mots, encore et encore. **Chaque relecture est un pas de plus dans** votre connexion avec les nombres et votre subconscient. La répétition, dans ce voyage, n'est pas seulement une étude, mais un moyen d'ouvrir des portes cachées. Sachez que les nombres et leurs vibrations ésotériques ont également la capacité de vous affecter de manière subtile, en agissant au niveau de l'âme et en déclenchant des idées, des indices, des souvenirs qui émergent du plus profond de vous-même. **Relisez ce texte au moins cinq fois.** Oui, vous avez bien entendu : cinq fois. C'est la seule façon d'activer les clés occultes et d'éveiller les connaissances latentes qui sont déjà en vous. Vous n'êtes pas ici pour accumuler des connaissances, mais pour éveiller ce que vous savez déjà. Le pouvoir de la numérologie chaldéenne va au-delà de l'esprit rationnel ; il entre dans le domaine du mystère, dans la sphère des perceptions et des intuitions qui parlent à votre subconscient. Chaque chiffre porte un message secret, et chaque mot que vous lisez est une étincelle qui, répétée au fil du temps, éveille votre pouvoir intérieur.

Chaque fois que vous relirez, une nouvelle couche se révélera. Les mots semblent changer, les concepts prendre une forme différente, comme si **la numérologie chaldéenne avait sa propre conscience**, prête à vous donner des réponses seulement lorsque vous êtes vraiment prêt à les recevoir.

Ne soyez pas pressé, n'essayez pas de tout comprendre tout de suite. Laissez la magie de la répétition opérer pour vous, en permettant à chaque symbole, à chaque calcul, de creuser en profondeur et de toucher des cordes sensibles que vous ne soupçonniez même pas. Imaginez ce processus comme un rituel.

Chaque relecture est une petite initiation, un appel que l'univers vous envoie pour vous rappeler qui vous êtes, pour vous montrer de nouvelles nuances sur votre chemin. Ne lisez pas seulement avec votre esprit, mais avec votre cœur, avec votre intuition. Sentez comment chaque mot vous enveloppe, comme un fin manteau qui se pose sur votre peau, réveillant d'anciennes connaissances. En relisant, vous sentirez que le livre lui-même vous parle, que chaque phrase porte un écho, une énergie qui s'amplifie. Mais ne vous arrêtez pas là.

Ce n'est que le début d'un voyage. **Templum Dianae continuera à explorer les secrets de la numérologie chaldéenne** et des arts ésotériques, ouvrant les portes à une connaissance plus profonde, à des mystères encore inexplorés. Chaque publication sera un nouveau fragment de ce voyage, une nouvelle étape dans votre découverte de la vérité qui se trouve dans l'univers des nombres. Nous vous invitons à nous suivre, à vous laisser guider dans cette exploration sans fin. Chaque texte sera une nouvelle clé, une nouvelle façon de comprendre et d'approfondir votre lien avec la connaissance occulte.

Considérez ce livre comme une carte, mais une carte qui s'enrichit et se transforme chaque fois que vous y revenez. **Chaque lecture crée une onde qui active votre subconscient**. C'est un chemin fait de cycles, et chaque cycle vous rapproche de votre essence, de cette partie de vous qui a toujours su ce que les nombres, les vibrations, les symboles signifient vraiment. La numérologie chaldéenne n'est pas une science exacte, mais un art ancien, une danse subtile entre vous et le monde invisible. Et cela demande du temps, du dévouement, de l'ouverture.

Relire le manuel, c'est non seulement mieux le comprendre, mais c'est aussi **permettre à ses mots de faire partie de soi**.

Plus vous pratiquez, plus vous sentez que ces connaissances se mêlent à votre vie, qu'elles s'enracinent au plus profond de vous. Chaque page devient le reflet de votre chemin, chaque numéro un guide silencieux, une lanterne qui éclaire vos pas. Et avec le temps, sans vous en rendre compte, vous sentirez la numérologie chaldéenne couler en vous comme une rivière, fluide et naturelle, sans effort.

Ce n'est pas une conclusion, chère âme. Ce n'est qu'un point de passage, un appel à continuer, à plonger encore et encore, comme un explorateur découvrant de nouveaux mondes. Soyez curieux, soyez patients. Les secrets sont révélés à ceux qui savent écouter, à ceux qui savent attendre.

Vous n'avez besoin de rien d'autre que de confiance. **Chaque fois que vous relisez, vous activez une nouvelle partie de vous-même**, comme une lumière qui s'allume progressivement. Il n'y a rien de définitif dans ce voyage : la vraie magie réside dans la poursuite, dans la découverte qui ne s'arrête jamais.

Alors, quand vous en sentirez l'appel, revenez à ces pages. Laissez les mots vous travailler, laissez-les vous emmener à nouveau à travers les symboles, les vibrations, les énergies. A chaque relecture, vous découvrirez de nouvelles profondeurs et, sans effort, la numérologie chaldéenne deviendra un guide fidèle, une clé de lecture non seulement du monde qui vous entoure, mais aussi du monde qui est en vous.

Lorsque vous serez prêts pour de nouveaux mystères, rappelez-vous que Templum Dianae sera là pour vous accompagner.

Il y a encore beaucoup à explorer, et nous vous guiderons sur les chemins les moins fréquentés, vers **les réponses que vous cherchez**. Nous sommes ici, dans ce voyage ensemble, et l'avenir recèle encore de nombreux secrets.

GLOSSAIRE

□ **Numérologie** : Étude de la signification ésotérique des nombres et de leur impact sur les événements humains.

□ **Chiffre** : un seul chiffre.

□ **Numéro du destin** : Numéro dérivé de la date de naissance qui indique les défis majeurs et les leçons de vie.

□ Numéro d'**âme** : Numéro représentant les désirs et motivations intérieurs d'une personne.

□ **Nombre d'expression** : Nombre décrivant le potentiel naturel et les talents.

□ Numéro de naissance : Numéro direct du jour de naissance qui a ses propres influences.

□ **Chemin de vie** : Nombre calculé à partir de la date de naissance qui indique la direction principale de la vie d'une personne.

□ **Année personnelle** : Nombre indiquant les tendances et les perspectives pour une année spécifique.

□ **Mois personnel** : Nombre décrivant les énergies d'un mois particulier.

□ **Journée personnelle** : Numéro affectant les activités quotidiennes.

□ Numéros **maîtres** : Numéros composés de chiffres dupliqués (tels que 11, 22, 33) qui ont un plus grand potentiel.

□ Kabbale **numérologique** : Application de la numérologie basée sur les principes kabbalistiques.

□ Numérologie **chaldéenne** : système numérologique qui attribue des valeurs numériques aux lettres en fonction de leur vibration.

□ **Numérologie pythagoricienne** : système qui attribue des valeurs numériques aux lettres en fonction de leur position dans l'alphabet.

□ Nombre **racine** : Le nombre de base d'un nombre après sa réduction (addition des chiffres pour obtenir un seul nombre).

□ Nombre **cyclique** : Nombre indiquant des périodes répétées dans la vie d'une personne.

□ Table de **Pythagore** : Table utilisée pour convertir les lettres en chiffres dans la numérologie pythagoricienne.

□ **Arc de transformation** : Intervalle d'années au cours duquel une personne connaît des changements significatifs.

□ Nombres **karmiques** : Nombres indiquant les leçons karmiques à apprendre dans cette vie.

□ **Angel Numbers** : Séquences de nombres considérées comme des messages d'anges.

□ **Synergie numérique** : interaction énergétique entre différents nombres.

□ **Numéros de défi** : Numéros représentant les obstacles personnels à surmonter.

□ Numéros d'**opportunité** : Numéros indiquant des moments potentiels de chance ou de succès.

□ **Numéros répétitifs** : Séquences de nombres qui apparaissent de façon répétée dans la vie d'une personne.

□ **Matrice numérologique** : Le schéma numérique complet d'une personne est dérivé de sa date de naissance et de son nom complet.

□ **Astro-Numérologie** : L'intégration de la numérologie à l'astrologie.

□ Nombres **solaires** : Nombres associés au Soleil qui influencent la personnalité extérieure.

□ Numéros lunaires : Numéros liés à la Lune qui influencent les émotions et l'intuition.

□ Numéros de **réalité** : Numéros qui représentent la

perception externe d'une personne.

□ **Tableau d'harmonisation** : Une configuration numérique montrant comment équilibrer les énergies personnelles.

□ Numéros **dynamiques** : Numéros qui indiquent le mouvement et le changement dans la vie d'une personne.

□ Chiffres **statiques** : chiffres indiquant la stabilité et la persistance.

□ Nombres **équilibrants** : Nombres qui aident à équilibrer d'autres énergies numériques.

□ **Analyse Transitoire** : Etude des nombres qui influencent une personne dans une période spécifique.

□ **Nombres évolutifs** : Les nombres représentant la croissance personnelle et le développement tout au long de la vie.

□ Nombre de **compatibilité** : Nombre indiquant la compatibilité numérologique entre deux personnes.

□ Numéro de **conflit** : Numéro indiquant les difficultés potentielles dans les relations.

□ Numéro de **synthèse** : Numéro représentant l'intégration de différentes énergies.

□ Nombre **potentiel** : Nombre indiquant les possibilités futures.

□ Numéro de **résonance** : Numéro qui résonne le plus fortement avec une personne ou une situation.

□ **Code numérique** : un ensemble spécifique de chiffres qui ont une signification particulière pour une personne.

□ Numéro d'**activation** : Numéro qui active ou déclenche des événements ou des énergies spécifiques.

□ Nombres **subtils** : Nombres qui influencent de manière moins évidente ou directe.

□ Chiffres de **croissance** : chiffres indiquant les domaines d'expansion potentielle.

□ Nombre de **résonance** : Nombre qui a une résonance ou une importance particulière.

□ Numéros de **transition** : numéros signalant des changements ou des transitions.

□ Nombres **élémentaires** : Nombres associés aux éléments classiques (terre, air, feu, eau).

□ Nombres **fondateurs** : Nombres qui constituent la base d'une personnalité ou d'une situation.

□ Numéros d'**aboutissement** : Numéros représentant la réalisation d'un objectif ou d'une compréhension.

□ Nombres **universels** : Nombres ayant une signification générale, applicable à l'échelle mondiale.

□ Numéros **personnels** : Numéros ayant une signification particulière pour l'individu.

□ Chiffres du **tournant** : Chiffres indiquant des moments de grand changement ou de décision.

□ Nombres **mystiques** : Nombres qui ont une signification profondément spirituelle ou mystérieuse.

□ Numéro d'**équilibre** : Numéro qui aide à maintenir ou à rétablir l'équilibre énergétique.

□ Numéros d'**énergie** : Numéros représentant les différentes formes d'énergie dans la vie d'une personne.

□ Nombre de **révélation** : Nombre qui révèle des informations cachées ou non manifestes.

□ Nombres d'**intensité** : Nombres qui intensifient les énergies ou les expériences.

□ **Nombre de réconciliation** : Nombre qui aide à résoudre les conflits ou les différences.

□ Numéros d'**ascension** : Numéros représentant l'élévation ou le développement spirituel.

□ **Numéro de début** : Numéro signalant le début

d'un nouveau cycle ou d'une nouvelle phase.

□ Numéro de **clôture** : Numéro indiquant la conclusion ou l'achèvement.

□ Chiffres de **fixation** : Chiffres qui stabilisent une situation ou un état.

□ **Numéros des défis majeurs** : Numéros représentant des défis importants à relever.

□ Numéros d'assistance : Numéros offrant un soutien ou une assistance.

□ Numéros de **protection** : Numéros qui assurent la protection ou la défense.

□ Numéros de **libération** : Numéros qui facilitent la libération des contraintes ou des restrictions.

□ Numéros de **restauration** : Numéros qui aident à rétablir des conditions ou des situations.

□ Nombres de **transformation** : Nombres qui indiquent ou facilitent un changement profond.

□ Numéros de **purification** : Numéros qui aident à clarifier ou à purifier des situations.

□ Nombres de **l'illumination** : Nombres qui apportent la clarté, la compréhension ou l'illumination.

□ Numéros de **Manifestation** : Numéros qui aident à manifester des souhaits ou des intentions.

□ Numéros de **renforcement** : Numéros qui augmentent la force ou l'endurance

UN AUTRE LIVRE DE TEMPLUM DIANAE POUR VOUS

https://www.amazon.fr/D%C3%A9esses-Obscures-D%C3%A9couvrez-exercices-m%C3%A9ditations/dp/B0DK2QH64K

Un autre livre de
Templum Dianae pour vous

le livre des témoignages

ce que les lectrices disent des livres de Templum Dianae.
(dans toutes les langues)

 Marruskaa

★★★★★ **Bella scoperta**

Recensito in Italia il 12 agosto 2024

Il testo è scritto in modo chiaro e scorrevole, perfetto per principianti! Quando mi sono avvicinata a questo tipo di mondo all'inizio non avevo ben capito cosa fossero e a cosa servissero. Tuttavia, il loro fascino mi ha spinto a continuare cercare di capire, finché non ho trovato questo libro. Ora tengo questo tomo sempre sul mio comodino e non posso più farne a meno! Davvero consigliato!

 Jamie L.

★★★★★ **Learn about powerful archetypes and how to use them for yourself!**

Reviewed in the United States on October 12, 2024

Verified Purchase

This book gives a comprehensive overview of dark goddesses from different times and regions--Egyptian, Slavic, Roman, Greek, etc.

It gives enough information about each that you can feel into which one speaks to you at different times in your life.

I've often heard people talk about "working with" goddesses or goddess energies and I had no idea what that meant or how to do it! This book provides different ways to do this--like specific rituals or practices (and there's even a guided meditation with a link to an MP3 file included!) so you can not only learn about the goddesses but also start to incorporate different practices to begin working with them for your own personal transformation.

 Rose Anderson

★★★★★ **Beautifully written and immensely powerful**

Reviewed in the United States on October 8, 2024

Verified Purchase

What a wonderful gift for any modern-day witch or pagan—and everyone else, too.

The first part of "Wicca Lunar Calendar—2025" offers insight for living in these times, self-care, and even wisdom of the cosmos—for a start. It then goes through every month of 2025 in almanac style, with the cycles of the moon, the holidays, and more. There's also a glossary at the end.

It's beautifully written and immensely powerful.

 dorawatson96

nützlich für diejenigen, die sich Wicca nähern

Bewertet in Deutschland am 1. Oktober 2024

Ich habe mich dieser Welt im letzten Jahr genähert und habe diesen Kalender in meiner Bibliothek. Ich finde ihn sehr nützlich als Unterstützung auf diesem Weg, den ich eingeschlagen habe

 Narnya

Sehr interessant

Bewertet in Deutschland am 12. Oktober 2024

Verifizierter Kauf

Endlich eine gute Beschreibung über Samhain. Zur Erinnerung.
Ich werde das Buch weiter meinen Kindern auch empfehlen.
Vielle Dank ☆

 Geneviève

Très intéressant

Avis laissé au Canada le 1 mars 2024

Achat vérifié

Grand calendrier lunaire, très complet et beaucoup d'explications intéressantes. Parfait pour associer au livre de wicca magie blanche.

 Steven H.

Una Guía Completa de la Numerología Antigua y los Números Angelicales

Reviewed in the United States on August 1, 2024

"La Numerologia degli Antichi - Numerologia Caldea e Numeri Angelici" es una compilación excepcional para cualquiera fascinado por el mundo místico de los números. Este paquete 3 en 1 cubre los detalles intrincados de la numerología, el significado de los números angelicales y los sistemas de numerología antigua, ofreciendo una exploración completa y atractiva de estos temas.

El autor proporciona tablas, cálculos y explicaciones claras y detalladas, haciendo que los conceptos complejos sean accesibles tanto para principiantes como para entusiastas experimentados de la numerología. Cada sección está bien estructurada, permitiendo a los lectores seguir fácilmente y aplicar el conocimiento a sus propias vidas.

 Ana J

La Influencia de la Luna

Reseñado en Estados Unidos el 8 de septiembre de 2024

Compra verificada

Este libro trata de las fases de la luna a la vida moderna, cubriendo todo, desde las rutinas de belleza hasta la jardinería. Al crecer, a menudo escuchaba a los mayores hablar sobre cómo la luna influía en la agricultura y los animales, y este libro refleja esas tradiciones. Las secciones de las fases lunares ofrecen informacion sobre cómo aprovechar la energía lunar para tener resultados óptimos en la jardinería y de belleza. Es una guia interesante para quienes buscan alinear muchas de sus rutinas con la naturaleza.

Un autre livre de
Templum Dianae pour vous

Sarah Barry

★★★★☆ **Practical exercises**

Reviewed in the United States on September 30, 2024

Verified Purchase

"Twin Flames: Love Yourself and Manifest Ultimate Love" provides practical exercises for healing emotional blocks and attracting love through the Law of Attraction. Worth reading for those seeking self-love and deeper connections.

Daphne H

★★★★☆ **Muy bueno!**

Reseñado en Australia el 15 de septiembre de 2024

Compra verificada

Cuidar el jardín a través de los movimientos de la luna es una idea genial, ya que en la naturaleza todo está conectado y sin duda los ciclos lunares pueden influir tanto positiva como negativamente. El libro incluye un montón de tips de los cuáles tomé nota.

Regina Stone

★★★★☆ **Always been curious...**

Recensito negli Stati Uniti il 28 settembre 2024

Acquisto verificato

I'll be honest: I'm not sure I am the intended audience for this book.

I've never been a firm believer in astrology, but my lifelong curiosity drew me to "Moon Calendar 2025."
It was a fascinating read overall, very interesting even if not 100% convincing to my cynical nature.

I would have given it 5 stars but I did find the book a little too sophisticated a launching point for readers new to astrology. However, if this is not an introduction for you - and you are a believer - then I think you will find value in these pages.

contenu inclus

Félicitations pour avoir reçu ce livre !
Si vous voulez attirer et manifester plus d'Amour et d'Abondance et découvrir des thèmes et la spiritualité, rejoignez la communauté Templum Dianae et recevez des MP3 de méditation guidée pour éveiller votre moi intérieur.

Cette méditation guidée est conçue pour manifester votre rêve intérieur dans la vie de tous les jours.

Suivez ce lien
templumdianae.com/fr/bookmp3/

Un autre livre de
Templum Dianae pour vous

Références bibliographiques

et lectures recommandées

- **Numérologie ésotérique évolutive** - Templum Dianae Media - 2023
- **Le nombre d'anges** - Templum Dianae Media - 2023

www.ingramcontent.com/pod-product-compliance
Lightning Source LLC
LaVergne TN
LVHW091058150826
845673LV00002B/625